ドローレス・アレイクサンドレ 著
田中玲子 訳

ソフィアと旅する

聖マグダレナ＝ソフィア・バラのメッセージ

ドン・ボスコ社

ソフィアと旅する　聖マグダレナ＝ソフィア・バラのメッセージ

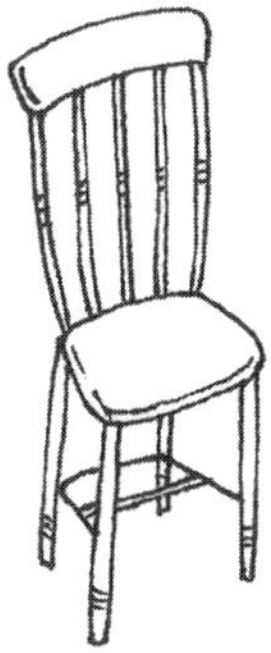

もくじ

はじめに

聖心会《せいしんかい》創立者　聖マグダレナ＝ソフィア・バラはどんな人だったのでしょう。

十八世紀末から十九世紀後半、フランスは革命の混乱期にありました。その中をマグダレナ＝ソフィア・バラという一人の女性が生きたのです。ソフィアは聖心会という修道会を創立し、教育をとおして神の愛を人々に伝えようとしました。この修道会を母体として各地に学校が開かれました。

ソフィアがパリにつくった聖心会の学校の庭に、一本のヒマラヤ杉の大木がありました。晩年、ソフィアは多くの生徒たちに囲まれて、しばしばその木の陰に座っていたそうです。生徒たちは、何でも質問ができ、打ち明けることができるソフィアのそばを離れようとはしませんでした。その木陰での話に、イエスが登場しない日はありませんでした。ソフィアの望みが、イエスの望みと完全に一致していたからです。ソフィアは常に子どもたちと一緒に歩み、子どもたちを助け、導き、勇気を与え、人生の意味を示したいと望んでいました。

一七七九年十二月十二日、ソフィアはフランス、ブルゴーニュ地方ジョワニー村に兄一人、姉一人の末っ子として生まれました。父はブドウ園を所有し、ブドウ酒樽作りを主たる仕事としていました。両親は敬虔なカトリック信者でした。

幼いソフィアは小柄ながらブドウ畑を走り回る活発な子どもでした。職人の娘であるソフィアは学校に行ったことはありませんでしたが、神学生になった十一歳年上の兄のルイが、七歳のソフィアの類いまれな可能性を感じ取り、男子生徒に使用する教材で一日七時間、ソフィアに勉強を教えました。ソフィアは兄の期待にみごとに応え、短期間で高度な学問と深い霊性を身につけたのです。

しかしソフィアが十代の初めごろから革命の影響が身近に迫ります。革命は竜巻のごとく生活、価値観、秩序を奪い去り、さらに兄のルイが捕らえられ、牢獄で死刑の宣告を受けてしまいます。一年後、ルイは奇跡的に処刑を免れ、釈放されました。ジョワニーの屋根裏部屋で祈り続けていたソフィアは、この出来事によっていのちを尊び、憎しみと暴力を拒否する思いを強くするのでした。

ルイは一七九五年秋に司祭に叙階され、ソフィアも修道生活への道を模索するため、ルイの住むパリへ移りました。そのころ、兄のルイ神父の親友、ヴァラン神父は、イエスの聖心にささげられた女子教育のための修道会の創立を考えていました。ルイ神父から妹のソフィアを紹介されたヴァラン神父は、学識といい、性格といい、この女性こそが自分の思い描く修道会の礎石となるべきである、とすぐに見抜きました。ソフィア自身はカルメル会の静かな祈りの生活を望んでいたのですが、社会が混乱した時代にあってこそ女子教育の意義は大きいと考え、ヴァラン神父の要請を神のみ旨と受け入れ、勇気と神への信頼で応えることを決意します。

一八〇〇年十一月二十一日、ほかの三人の同志とともに、パリの小さな家でイエスの聖心《みこころ》への奉献式を行いました。このとき、ソフィア

二十歳。聖心会《せいしんかい》はここに発足しました。
一八〇一年に一つの小さな寄宿学校がソフィアに提供され、十月十七日、最初の聖心学院が始まりました。ソフィアは、イエスの無限の愛に深く感謝し、イエスの聖心《みこころ》の愛を人々に知らせることを会の基本精神と考えました。そして、その方法は子女の教育にあったのです。
　財政状態にかかわりなく、教育の機会をできるだけたくさんの生徒たちに広げたいと思い、一八〇二年一月に授業料のいらない学校を寄宿学校に併設します。同年六月、終生誓願を立てたソフィアたちは、何をこの会の特徴とするのかとヴァラン神父に問われ、即座に「もの惜しみをしない心」と答えたといいます。その年の十二月にソフィアはヴァラン神父により修道院の院長に任命されました。一八〇四年と一八〇五年にグルノーブルで、一八〇六年と一八〇七年にはポアティエにも授業料のいらない学校が併設されました。「一人ひとりの生徒の中に贖われた、尊い人としての価値のみを見ること」、これが、ソフィアの大切にした教育者の心でした。一八〇六年、第一回聖心会総会で総長に選ばれ、以後一八六五年に八十五歳で亡くなるまで六十年間、ソフィアは終生総長の重責を担っていました。

その道のりは決して平坦なものではありませんでした。会に対する無理解、自身の病気などの十字架を、ソフィアは忠実に背負い続けました。特に、一八三二年から一八四八年にかけて会員の間で意見が対立し、聖心会が分裂の危機にさらされたときは、ソフィアの謙遜と忍耐によって危機を乗り越えました。

やがてソフィアの育てた小さな種は、フランスをはじめヨーロッパ各国、アメリカ、アジアにも根を張り、見上げるような大木となりました。ソフィアの晩年、一八六四年には聖心会会員の数は三千五百名になり、ヨーロッパ、南北アメリカなどに八十六の修道院を数えるまでになり、また、八十四の寄宿学校と七十四の授業料のいらない学校がありました。

一八六五年五月二十五日、八十五歳の生涯を神のみ手に返したマグダレナ＝ソフィア・バラは一九〇八年に列福され、一九二五年五月二十四日、ピオ十一世により列聖されました。その遺体はパリのフランシスコ・ザビエル教会に安置されています。

現在、聖心会は約二千名の会員が四十一カ国で働いており、イエスの聖心《みこころ》の愛に結ばれた一つの大きな家庭をつくっています。

この本を読む前に

本書の原作の著者、ドローレス・アレイクサンドレ（一九三八〜）は、聖心会のシスターです。神学者、聖書学者としても多くの著書があり、研修会の講師や黙想指導者としても活動しています。この本はマグダレナ＝ソフィア・バラの伝記ではありません。むしろソフィアのアルバムと言えるかもしれません。各チャプターのはじめにはソフィアの生涯の出来事や逸話が、〝ソフィアの物語〟としてスナップ写真のように現れます。それらをとおしてソフィアの人柄、性格、価値観、人とのかかわり方が、生き生きと私たちに伝わってきます。

次に、〝現代社会を見つめて〟ではソフィアの思いを継ぐシスターやボランティアの人々の活動から、私たちは世界のあちこちで起こっている社会の問題点を見つめることになります。生活環境や文化の異

なる状況を理解し、寄り添うために、さまざまな問いかけをいただくことでしょう。

また、ソフィアは七十歳を過ぎるまで、フランス国内のみならず、ローマをはじめヨーロッパ内の聖心会の修道院や学校を絶えず訪問し、多くの手紙を書き、コミュニケーションを図っていました。手紙はソフィアが好んだコミュニケーション手段の一つでした。ソフィアは全生涯で、現存するものだけでも一万四千通余りの手紙を鵞《が》鳥《ちょう》の羽の軸を削ってつくった羽ペンで書いています。手紙と訪問をとおして、会員が同じ精神を生き、一致を保つことに努めたのです。そこで、「もし天国のソフィアが手紙を書いたら……」と仮定して〝今、あなたに語りかけるソフィアの言葉〟をお届けしています。もちろん、ここに掲載された手紙はソフィア自身が書いたものではありません。原作者の手によって書かれた手紙ですが、ソフィアの精神、物の見方、考え方が自然な形で表されていると言えるでしょう。

そして最後の〝祈るためのヒント〟では、祈りを常に人生の中心軸としていたソフィアが、私たちが祈るときにイエスがその愛と喜びと自由の生ける水を、私たちに贈ってくださることに気づくためのヒントを伝えています。

今回この本を聖心会の会員や聖心の学校や大学の卒業生、学生、生徒、保護者だけでなく多くの方々に読んでいただくために、原作書の文章のテーマごとの順番を入れ替え、初めてソフィアに出会う方々にも、ソフィアという人物が身近に感じられるように整えました。また、原書の書かれた二〇〇〇年から以後、状況が変わっていたり、その仕事が続けられていないこともありますので、一部現状に合わせた修正を行っています。この二点については著者の了承を得ています。なお、日本の状況に合わせた翻訳に当たり、三好切子著『聖マグダレナ・ソフィアの生涯』（毎日新聞 一九七八年）、フィル・キルロイ著／安達まみ、冨原眞弓訳『マドレーヌ゠ソフィー・バラ キリスト教女子教育に捧げられた燃ゆる心』（みすず書房 二〇〇八年）、須永和宏著『いのちを紡ぐ―聖人たちのことば』（ドン・ボスコ社 二〇一七年）を参考文献として用いました。

本書をとおして呼びかけるマグダレナ゠ソフィア・バラの声に耳を

傾け、大きく広い眼差しをもっていたソフィアに倣い、私たちも自分の小さい世界から出て、世界中のさまざまな人々とその生活や文化に心を馳せることができますように。

田中玲子

El Arbol Peregrino : Caminar con Sofia Barat

Manuel Fernández Caballero, 1, 1.° A
28019 Madrid

Impresión :
Gráficas Dehon
La Morera, 23-25
28850 Torrejón de Ardoz (Madrid)

たった一人のためにも

誰にでも、自分がとても小さく、取るに足りない存在だと感じてしまう瞬間や場所があるだろう。大都会で高層ビルを真下から見上げたとき。人の群れにのまれたとき。野原に寝転がって満天の星を仰ぎ、宇宙の巨大さに思いをめぐらしているとき……。

この世で、財力、権力、名声、美、それだけが人に価値を与えると考えるなら、それをもたない人は、自分を無価値とみなし、誰からも関心をもたれないという劣等感にさいなまれる。そんな人たちにとっては、単に物事が頭上を日々通過していくように感じられてしまう。

なぜなら、特定のグループや国家の野心や権力が、経済的、あるいは政治的な見地ただそれだけから、何百万人もの人々を単なる数として考え、切り捨て可能な何パーセントとみなしている現実があるからだ。人間のいのちが市場の完璧な決まりや、戦争による無分別な暴力以下の価値しかもたなくなってしまっている。

もしあなたが、「あなたという人が一人しかいない」ということをあなたに感じさせてくれる人に出会えたら、それはきわめて幸運なことだ。たとえ言葉によらなくても、「あなたと、あなたの人生が何よりも大切だ」ということをしっかりと伝えてくれる、そんな誰かに出会うことができたら、それはとても幸運な人生だ。

ソフィアは出会ったすべての人に対し、そんな女性だった。あなたに対してもソフィアはそうしたいのだ。もしあなたがそれを望むなら。

ソフィアの物語

一八一八年三月、マグダレナ＝ソフィア・バラはローズ・フィリピン・デュシェーンを四人の仲間とともに初めてアメリカに派遣するために、港に見送りに来ていました。そのときソフィアは三十八歳、フィリピン・デュシェーンは四十八歳でした。

彼女たちは帆船レベッカ号に乗り、困難で大胆な冒険に漕ぎだそうとしていました。当時の旅は多くの危険を伴い、未知の世界に立ち向かうものでした。ソフィアは彼女たちに言いました。

「ルイジアナにただ一つでも聖櫃《せいひつ》（カトリック教会の聖堂で聖体を安置する箱）をつくることが

でき、たった一人にでもイエス・キリストへの愛の祈りを唱えることを教えることができたら、それで十分に幸せだと思いませんか？」

またメキシコでは、パリの聖心学院の卒業生でメキシコ人のオフェリアが、メキシコの宣教に生涯をささげる決意をし、馬に乗って村から村を廻りながら、イエスとその聖心《みこころ》の愛を告げ知らせようとしていました。そのことを、何年か後で知らされたとき、ソフィアは感激して次のように言いました。

「たった一人のオフェリアのためにでも、聖心会を創ったでしょう」

現代社会を見つめて

二〇〇〇年の一月から、ハイチの小さな町に四カ国から来た聖心会のシスターたちがコミュニティーをつくって住んでいます。彼女たちはハイチで話されるクレオール語や、ハイチの文化を習うため、また、とりわけハイチでどのような奉仕ができるかを知るために、人々を心底から理解しようとたっぷり時間をかけています。

ハイチに生まれたマリーという十六歳の少女がいました。思春期まで生きてこられたというのはたいした幸運です。というのは、このカリブ海の島国は世界で最も貧しい三つの国の一つで、幼児の死亡率が最も高いと言われています。子どもたちは、下痢、栄養失調、はしかなど、経済的に豊かな国なら容易に治せる病気で死んでいくのです。

マリーはハイチのシテソレイユに、木とブリキでできた小屋に住んでいます。そこは当時、首都ポルトープランスの中で最も悲惨な地区でした。たったひと間の家に十四人が住んでいました。そして皆が一度に横になれる場所がないので、交代で寝ていました。家族の何人かが床に横になっている間、他の何人かは場所が空くまで村を行ったり来たりしていたのです。シテソレイユは臭気が漂い、ごみの収集サービスがないうえに、下水設備もないので、ネズミがたくさんいる町でした。

マリーは夜が明ける前に起きます。住民四千人か五千人に一つくらいの割合でしかない水道栓がとても遠く、そのうえバケツに水を汲むまで長い時間待たなければならないからです。それからそのバケツを頭に載せて帰ってくるのです。とても小さい子どもたちも、こうやって水を運びます。

その後彼女は歩いてマーケットまで行き（公共交通機関はありません）、持ってきたトウモロコシと米を地面に小山にし、六個のトマトを並べます。幸運にも誰か買ってくれる人がいたら、ほんの少しのお金が手に入り、家族の今日の食べ物の足しになるのです。

マリーは学校に行かれません。お母さんを助けて、弟たちや妹たちの世話をしなければならないからです。だから読み書きはできません。これからも、生活は苦しいでしょう。でもそれにもかかわらず、彼女が微笑むとその顔は輝き、彼女が踊りだすとそのリズムとバイタリティーは周囲を引きつけます。

ときどきマリーは彼女の先祖たちが、アフリカで捕らえられ、奴隷としてアメリカに連れて来られるまで、どんな生活をしていたのだろうかと考えています。そして彼女自身の生き方についても、もし読み書きを習っていろいろと知ることができたら、どんな人生になるだろうかと夢をめぐらせています。しかし、水瓶が空になれば、マリーはまた水を汲みに行かねばなりません。

聖心会のシスターたちは皆この傷ついた、しかし希望に満ちた人々とともに生きることを特権だと感じています。そしてソフィアの娘として、マリーのような少女が人として成長するのを一人でも助けることができれば、ハイチに生涯をささげた価値があると思っています。

もし天国のソフィアが手紙を書いたら……
今、あなたに語りかけるソフィアの言葉

もしあなたが、どこかで聖心の学校を知っていたら、「たった一人の子どものためにでも、聖心会を創立したでしょう」という私の言葉を聞いたことがあるでしょう。一人ひとりの子どもとの出会いは、私にとって、たくさんの学校を開くことによってもたらされるすべての労苦と困難、そして多くの問題を負うことを補って余りあるものでした。

全生涯の中で私の抱いた最も深く最も真実な望みは、心底からイエスに似た者となることでした。イエスの生き方を求めて福音書を繰り返し読むことによって、イエスとかかわった一人ひとりの人が、男も女も子どもも、まるで自分が宇宙の中心であるかのように、大切で価値があると感じていたことがわかりました。イエスは、外見やうわべの性質ではなく、すべての内なる善さと美しさを見つけることができました。ですから、一人ひとり、主によってユニークな存在になり、主が一人ひとりのためにいのちをささげようと思ってくださったのです。

こう考えると、このような見方や感じ方は、すべての価値をさかさまにし、規則や事柄や組織よりも何よりも、人を大切にすることだとわかりました。ですから、行動やその結果より、一人ひとりの内面を大切にするようなグループと場所が必要なのです。

そこでは、一人ひとりのありのままの姿に注目し、内的な衝動を表す前に気づき、行間の意味に耳を傾け、各自の心に隠された秘めた思いに関心がもたれます。このように、「量り、数え、計る」やり方は、福音書の数学と幾何に一致するように思われます。

あなたは自分が誰かにとってユニークな存在であると本当に感じていますか。そして人々が本当にあなたをあなたとして知り、あなたがあなたであるという事実のためだけであなたを尊重し、あなたを愛していると確信しているでしょうか。一緒に考えてみませんか。

祈るためのヒント

祈りは何のためかと尋ねたことがあると思います。祈りは何かの目的でするものではなく、愛から生まれる最も美しい無償の行為、というのがその答えです。

祈りは友と一緒に時を過ごすとか、景色や絵画を眺めるとか、雨の音を聞くとか、音楽を聴くとか、贈り物をあげたりもらったりするとか、または、ソフィアのように一人ひとりの人を、たった一人の人であるかのように気にかけるといった類のことです。どれも、直接役に立つことではありませんが、こういうことのない人生が想像できますか。さらに、祈りは自分をよりよく知り、自分をしっかりさせ、疑念を晴らし、心を強めるのを助けます。

しかし、なぜ祈るのですかという質問には、とても単純明快な答えがあります。イエスが祈っていたから、そして私たちが開かれた本である主から学ぶためです。

福音書の次の箇所を、注意深く読んでみましょう。

「朝早くまだ暗いうちに、イエスは起きて、人里離れた所へ出て行き、そこで祈っておられた」（マルコ１・35）

この光景を細部に至るまで想像してみます。あなたもそこにいます。朝早く、家々はまだ闇に包まれています。一軒の家から、友人たちを起こさないように気をつけながら、そっと出て来られるイエスの影が、やっと見分けられます。耳を澄ませば、そのかすかな足音が聞こえます。そっと彼の後について、祈りに入られる静かな場所へ行ってみましょう。彼の態度、姿勢をじっと見て、御父と話し始められるイエスの心の動きを推測して、心の底から、イエスよ、祈ることを教えてくださいとお願いしてみましょう。

それからソフィアに、彼女の祈りへの情熱と愛であなたの心も燃え立たせてくださるようにお願いいたしましょう。

癒しをもたらした抱擁

ある女性が森を通っていたとき、不思議な人たちに出会った。その人たちは胸が開いていて、なんとその中がまったく空洞なのだ。彼らは、すべての人々から離れ、見捨てられて、彼らだけで住んでいた。というのは、彼らは誰も人を愛することができなかったからだ。そこでその女性は、一人ひとりに近づき、彼らを抱擁した。するとその傷はふさがり、心臓が再び鼓動し始めた――。

私たちの世界の〝森〟の中にも、捨てられたり、拒否されたり、不当な扱いを受けたりしたことから、あるいはまた落胆や孤独から、とても深い傷を負っている多くの人々がいる。もしかしたら私たちは、誰も皆何かそのような蔽い隠された傷をもっているのかもしれない。そして成熟に至る一つのしるしは、それらの傷を治すことを学び、他の人々がそれを助けてくれるのに任せることだ。私たちは、私たちを信じてくれて、そのお陰で私たちが自分の受けている恵みにもっと気づくようになり、大きな声で私たちの考えていることを言えて、私たちが真の自分になることをゆるしてくれるような人に会ったことがあるだろう。

ソフィアと親交のあった幸運な人々の多くも、彼女と一緒に自分が心をもっていたことを発見する経験をした。そして誰かに助けられて、心を取り戻した。私たちが愛され受け入れられていると感じるとき、誰かが私たちを信頼してくれたとき、私たちの隠れていたよりよい部分が、地中の種のようにその殻を破って育ち、花を咲かせるのだ。

ソフィアの物語

ソフィアは人々の中のいちばんよいところを引き出し、それを伸ばす才能をもっていました。いつも相手の顔と目を見ていましたが、分析をしたり、コントロールするためではありませんでした。彼女の眼差しは、深い共感をもって、近づいてきた誰とでも一緒に歩もうとする人のものでした。

ソフィアは一八四二年にマルセイユの若い放浪者、ジュリア・ド・ウイカに出会いました。ジュリアは家も家族もないようで、私たちの知らない言葉を話していました。ソフィアは彼女と近づきになり、その変わった境遇に心を寄せ、自分の責任の下に置くことにしました。

ジュリアは一生の間に何度か、ソフィアの思いに甘えてその信頼を裏切りました。ソフィアは裏切られても、ジュリアを理解しようとし、彼女を守ることを決してやめませんでした。ソフィアは生涯ジュリアへの友情を捨てることはありませんでした。

現代社会を見つめて

アーバブアラー（神に愛された者）というエジプトのカイロにある学校は、知的障がい児教育に特化しています。そこで聖心会のシスターたちは、キリスト教徒もイスラム教徒もいる一般の信徒たちと協力して、障がいがある子どもたちが、それぞれに幸せに成長できるように助けようと努めています。

その学校の創設初期のお祝いのミサで、次のようなことがありました。ミサの終わりにルイサという一人の障がい者の女の子が、司式司祭のカルロスに近づき、祝福をしてほしいと言いました。彼は彼女の額に十字架の印をしました。しかし、彼女は抗議して言いました。「そういうのじゃなくて、ちゃんとした祝福をしてください」

そこで、カルロスは立ち上がって彼女を抱擁し、彼女はその頭を彼の肩に寄せ、彼は次のような祝福の言葉を唱えました。

「ルイサ、私は、あなたを祝福します。あなたは、特別な女性です。あなたは、魅惑的な微笑みで、私たちに喜びと力を伝えてくれます。あなたが今気落ちしていることを知っていますが、私たちはあなたを支えます。神が、あなたを愛し、抱きしめていてくださることを、思い出しなさい」

それが終わると、別の身体障がい者が祝福を願い、司祭は一人ひとりの何かよいところを言いながら、神がどれほどその人を愛しておられるかを思い出させました。グループの皆を祝福し終わったとき、アナは手を上げて、私も祝福してくださいと願いました。アナを祝福しながら、彼は次のように言いました。

「アナ、主はあなたを選び、多くの人々の人生を助けるために、あなたを頼りにしています。あなたは、心温かく、そばにいてくれる存在で、私たちはあなたがともにいる大きな幸運に恵まれています」

最後にカルロスは自分も祝福を受けなければと感じたに違いありません。そこで、ルイサのそばに行き祝福を願いました。司祭だけが祝福を与えることができるのではないと説明しました。というのは、祝福するということは、誰かについてよいことを言うことで、それは誰にでもできるからです。彼女は、感激しながら祝福を与え、彼も感激してそれを受けました。

その集まりから帰るとき、参加した人たちはもう悪口を言わないと約束しました。これからは誰のことも悪く言わず、祝福しながら生きていこうと考えたのです。皆が他の人から祝福されて、お互いに一致していることを感じたからです。

もし天国のソフィアが手紙を書いたら……
今、あなたに語りかけるソフィアの言葉

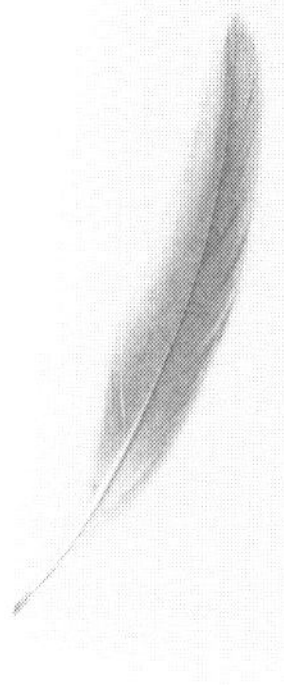

多くの方が、一度はこんな思いを抱いたことがあるでしょう。

「もし人々が、私のことを本当に知ったら、その人々は私を好きにはならないだろう」

あなたに同じことがあったかどうか、その傷跡があなたの記憶の中に残されているかどうかはわかりませんが、例えば、もしかしたらあなたは、あなたの両親にもっと愛情を示してほしかったかもしれません。または、友達に裏切られたことで、心が傷ついているとか、自分があまり美人でないとか、頭がよくないとか、役に立たないとか、自分が望むことを達成するだけの能力がないと思っているとか……。

私は、あなたを強く抱きしめて、私の中にある確信を伝えたいと思います。あなたの中に隠れた泉があり、それはたぶんあなた自身にもほかの人々にも知られていない泉で、何かの

障害がその湧き出ることを妨げている泉です。しかし、もし誰かがあなたを助けて水を濁らせている泥をはらって、邪魔をしている隠された物を取り出せば、すぐに清く澄んだ水が見えてくるでしょう。

あなたの人生の物語の主人公は、あなた自身です。あなたが、それによって動かされたり縛られたりするのではありません。考えるのはあなたです。誰もあなたの状況に責任がありません。自分自身を誰かの、または何かの状況の犠牲者として見ることを、自分にゆるしてはいけません。

決して自分を人と比べてはなりません。あなたの資質と能力を使って、あなたがあなた以外の人の人生を生きる必要はありません。あなたは、神がくださった手札《カード》で、人生の勝負《ゲーム》をできるかぎりよい方向に進んでいくのです。誰かがあなたを拒絶しても、あなたに嘘をついても、あなたを騙しても、またはあなたを裏切っても、打ちのめされてはだめです。人から聞いた意見を究極の真理と取らないようにしましょう。

自分自身に繰り返し次のように言いましょう。私は私、どうしたら私の人格をよりよく発揮することができるだろうか、今私の人生を乱しているこの問題の中に、私の成長のためにどんなチャンスが隠されているだろうか、と。

祈るためのヒント

祈りは第一に、出会いです。そして、その出会いをいちばん望んでいるのは神ご自身だということを知り、そして私たちが神のことを考える前に、神は私たちを待ち、私たちと連絡を取ろうとしてくださっているということを知ることです。

出会いが本物ならば、相手をよりよく知るようになり、多くの言葉なしに、その人が何を感じ、好み、気にし、喜んでいるかを当てることができます。これは、ソフィアが祈りについてもっていた最も強い確信の一つで、だから彼女は、祈りの中にイエスがその聖心《みこころ》をお示しくださると言っていたのです。

ソフィアのように、福音書をとおしてイエスに出会い、内から彼を知り、このように彼に知られていることをあなたが知ることができるようにしましょう。

「イエスは舟から上がり、大勢の群衆を見て、飼い主のいない羊のような有様を深く憐れみ、いろいろと教え始められた」（マルコ6・34）

その群衆に混ざって、イエスが優しく喜んであなたを迎え入れてくださるその眼差しに包まれているのを感じてみましょう。深く息を吸って、無条件に受け入れてくださる平和に満たされていきます。そして主が人々をご覧になったその眼差しで、あなたも人々を見ることができるように願いましょう。

「そのとき、イエスはこう言われた。『天地の主である父よ、あなたをほめたたえます。これらのことを知恵ある者や賢い者には隠して、幼子のような者にお示しになりました。そうです、父よ、これは御心に適うことでした』」（マタイ11・25〜26）

ご自分の喜びの秘密をあなたに伝えたいと望まれるイエスに近づいてみましょう。主の喜びは、小さき人々をより愛された御父と同じ心からくるものです。あなたが喜びをどこに見いだすかを主にお話しし、あなたの好みと優先する価値において、あなたをだんだんに主に似た者としてくださるように願いましょう。

愛する大地

偉大な白人の頭《かしら》が、我々の土地を買いたいと言ってきた。誰が空や大地の暖かさを売ったり買ったりできるだろうか。そんなことは考えられないことだ。新鮮な空気や、きらめく水は私たちの所有物ではないのだから、それを買うことなどできはしない。私たちは土地の一部であり、土地は私たちの一部なのだ。

土地は人に属するのではなく、人が土地に属する。家族の中の血の繋がりのように、すべては一つに結ばれている。すべては繋がっている。すなわち土地に起こることは、土地の子どもたちに起こる。人がいのちの営みを織りなしているのではない。人はその糸にすぎない。その織物に私たちがすることを、私たちは自分自身にもしているのだ。

（シアトルのアメリカ原住民の長から、合衆国の大統領への手紙　一八五五年）

今日、私たちは宇宙と繋がっているという感覚を失ってしまっている。私たちは地球を、まるで私たちが使うための資源の貯蔵庫にすぎないかのように扱っている。他の存在の幸福など考えていない。自然環境に配慮するグループは、地球の崩壊と生態系のバランスを脅かす無分別な搾取に警告を発している。その原因は多くの場合、経済的に豊かな国などが、天然資源を利己的に使ったり、無駄に使ったりしているからで、そのたびに貧しい国の困窮はさらに悪化していく。

ソフィアの時代には、エコロジーという言葉はまだ使われていなかった。大地はまだ今日ほどには脅かされていなかった。しかし、彼女の広い心には、人々を迎え入れるためだけではなく、自然を愛しそこに生きるすべてのものを愛するための場所があった。彼女は今日の言葉でいえば、自然環境に対しての意識があり、宇宙との繋がりを感じ、それに配慮し守る責任をもつことのできる人だったのだ。

ソフィアの物語

ソフィアはブルゴーニュ地方に生まれましたが、彼女はその農村での生活経験から、季節の移り変わり、凍りつく怖さを知り、それを待つ忍耐力を養い、水、太陽、空気の恵み、そして収穫のためには一緒に働くたくさんの人手が必要であることなどを習ったのです。

その辺り一帯に広がっているブドウ畑の情景は、ソフィアの心に深く刻まれていました。自然の中にいることは、喜びの源でした。ブドウの木はソフィアに多くのことを静かに教えてくれました。ブドウの木は冬場には醜く乾いて見えましたが、春が来るとたくさんの葉を茂らせ、やがて夏の終わりには素晴らしいブドウの房を実らせました。人間も必要なときを与えれば成長し、私たちがよいと思うときではなく、彼らのときが来たときに花を咲かせるのです。

ソフィアが十六歳だったときに、パリに行って住むことになりました。パリでは、野や畑と直接触れ合うことがなく、家で何か動物を飼うことができないことを寂しく思ったものでした。例えば、幼いころにもらった生まれたばかりの子羊は、どこにでもソフィアについてきて、ソフィアが座る足もとでおとなしくしていたものでした。ソフィアは一生いろいろな動物を可愛がりました。あるとき、一匹の猫が生んだ仔猫が殺されそうになっているのを知ったソフィアは、誰にも見つからないように、上手にその仔猫たちをかくまいました。

ソフィアが修道院をひらいて再びブドウの木のある庭つきの家に住めるようになったとき、彼女は若い修練者たちをブドウの収穫に連れて行き、そこで「わたしはブドウの木、あなたがたはその枝である」というイエスの言葉の説明をしました。大自然はソフィアにとって、いつもそこに神を見いだし、その声を聴くことのできる開いた本のようでした。

修道院において、ときどき彼女は、「午後四時に、私と一緒に庭で木の実を拾って殻から出したり、干し草を返したりできる人は、みんな来てください」、と呼びかけました。彼女はできるかぎりいつも納屋に行って兎と鶏に餌をやったり、母親のいない子牛に瓶のミルクを飲ませたりしました。

シスター ポーリーヌ・ペルドゥローは「あるとき、ソフィアが可愛がっていた年取った馬と遊んでいたところに、私がメッセージを持っていったことがありました」と思い出を語っています。

「私はソフィアの注意が私よりも馬のほうに向いているように思いました。私の不服そうな顔を見て、ひょうきんな調子で『自分のことで頭がいっぱいのようですね』とおっしゃいました。また別の日には、私が教会の足場に上って、絵に手を入れていたとき、『ポーリーヌ、降りていらっしゃい』、と私を呼んでいらっしゃるのが聞こえました。『牛の世話をするシスターがいないので、来て私と一緒にしてください。素晴らしいお天気ですよ』」

ポーリーヌ・ペルドゥローは若き志願者だった一八四四年、ローマのトゥリニタ・ディ・モンテ修道院の壁にフレスコ画のマリア像「感ずべき御母《おんはは》」を描きました。今では世界中の聖心会の学校に飾られ、生徒の保護者として親しまれています。

一八六五年の五月二十五日、ソフィアは八十五歳で帰天したのですが、その一カ月前に甥のスタニスラスへの手紙に、今年のパリの春はよいお天気に恵まれているので、遅霜が降りて花が全部だめになったりすることがないように願っています、と書いています。五月の初め、彼女はよいお天気を楽しみました。庭のお気に入りのヒマラヤ杉の木の下に座って朝の時間を過ごし、休み時間に低学年の子どもたちが訪ねてくるのを待っていました。そういうとき、彼女は無上に幸せでした、大好きな子どもたちと自然に囲まれていたからです。

現代社会を見つめて

マニラ郊外のパヤタスという広大なごみの集積場に、スミアという三十五歳の未亡人が四人の子どもたちと住んでいました。スミアはそこが子どもたちと自分の健康に大変危険なところだということを知っています。彼女はごみをあさってその中からたまに「宝」を見つける以外に、何の訓練も受けたことがありません。夜明けに彼女は上の三人の子どもたち、十五歳、十三歳、八歳を連れてごみの山をあさりに出かけます。どの子も学校に行ったことがありません。まだ四歳のニタは家にいました。

あまり遠くないところで、モンタルバンの山から巨大な石を切り出しているダイナマイトの炸裂する音が聞こえていました。採掘の音は何カ月も続き、何トンもの大量の土や岩が首都マニラの建設のために運び出されていました。自然生態学者たちの何人かは、山の下を掘ることは危険だと警告していました。彼らは政府の施策に反対する運動を展開しましたが無駄でした。何カ月かたったある日、豪雨が襲い、一つの山が雪崩のように崩れてごみと土砂と岩がごみ集積場と近隣の家を襲いました。百六十人の死者と三百人の行方不明者がごみの山に埋まりました。ニタもその一人でした。

生き残ったスミアと彼女のほかの子どもたちは、今、聖マグダレナソフィア基金から小額のお金を借りています。知り合いの母親たちのグループが、小さな商売をするために借りたお金から百ドルずつ出し合いました。彼らは少しずつお金を返すことと、毎週の集まりに出席することを約束しました。スミアは、ピーナッツバターを作ってマーケットで売る仕事をしています。もうごみの山をあさりには行きません。

パヤタスの近くにある聖心会のシスターたちは、フィリピンのほかのコミュニティーのシスターたちと一緒に、少額貸付金のプログラムと、自然環境保護の運動をしています。

彼女たちは皆、ほんの少しのよいセンスと創造性とがあれば、そして教育的で意識を高めるようなプログラムで他の人々と協力し働きたいという強い望みがあれば、地の表を変えることができることを断言しています。

もし天国のソフィアが手紙を書いたら……
今、あなたに語りかけるソフィアの言葉

ある日、学校の庭でかくれんぼをしていた子どもたちが花を踏み散らかしたのを、私がひどく怒ったことを思い出します。私は彼らを呼んで次のように言い聞かせました。

「もっと長く生きていれば神さまを賛美することのできたこの花のいのちをあなたがたは縮めてしまいました。しかも、庭師のホアンはこの花たちをたくさんの時間をかけて世話してきたのに……」

私は子どもたちに、宇宙は私たちに絶えず創造主のことを語っていること、そして私たちは神の声の何千ものこだまのようなその声を、注意深く聞こうとしながら生きていかなければいけないということをわかってほしいと願っています。私たちは神の偉大さをほめたたえ、すべての被造物が創造主に歌う賛美に心を合わせることができるのです。私たちは皆母なる大地の同じ家族に属しています。私たちはすべての被造物を客体としてではなく（ただのものとしてではなく）、主体として（生き物として）扱い、話しかけ、その語りたいことに耳を傾け、愛し、敬意をもって扱わなければなりません。あなたは自然との調和を感じますか。も

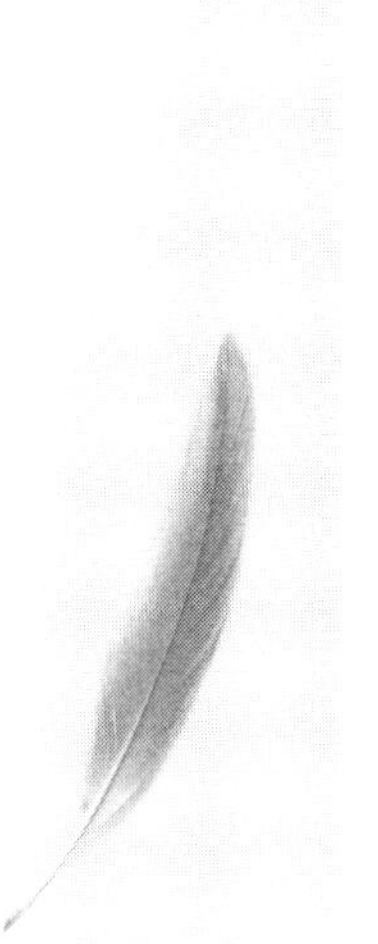

し、動物が好きで何かを飼っているなら、その動物から何を習いますか。その世話をしながら何を感じますか。

祈るためのヒント

あなたはいつ、どこで祈りますか。いつ、どこで祈ろうとも、祈るのはよいことです。神とのコミュニケーションには、圏外の場所や状況はありません。もっとふさわしい場所に行くまで待つとか、もっと自分の機嫌がよくなるのを待つ必要はありません。神と連絡を取るのは、常に「よいとき」です。あなたの寝室でも、教会でも、雑踏の中でも、歯医者の待合室でも、地下鉄の中でも、野原でも、どんな状況でも場所でも、神との関係をもつことができます。あなたが満足しているときも、悲しいときも、怒っているときも、感謝しているときも、穏やかな気分のときも、気が動転しているときも。神はあなたの心をよくご存じで、いつも聞いていてくださいます。

ソフィアと一緒に座って、聖書の中の三人のユダヤ人の若者が、捕囚地バビロニアで、燃え盛る炉の中に投げ込まれたときに歌った賛美歌を祈りましょう。この祈りを書いた人は、脅しと苦しみの中でも神を賛美し神とともにいることができるという信念を、私たちに伝えたかったのです。創造界の素晴らしさを喜びながらこの祈りをたびたび唱えられたイエスと心を合わせて次の祈りを読んでください。

主の使いよ、主を賛美し、代々にたたえ、あがめよ。
天の上のすべての水よ、主を賛美し、代々にたたえ、あがめよ。
天にあるすべての力は、主を賛美し、代々にたたえ、あがめよ。
太陽と月よ、主を賛美し、代々にたたえ、あがめよ。
天の星よ、主を賛美し、代々にたたえ、あがめよ。
すべての雨と露よ、主を賛美し、代々にたたえ、あがめよ。
もろもろの風よ、主を賛美し、代々にたたえ、あがめよ。
火と熱よ、主を賛美し、代々にたたえ、あがめよ。
寒さと暑さよ、主を賛美し、代々にたたえ、あがめよ。
露と霜よ、主を賛美し、代々にたたえ、あがめよ。
夜と昼よ、主を賛美し、代々にたたえ、あがめよ。
光と闇よ、主を賛美し、代々にたたえ、あがめよ。

氷と寒さよ、主を賛美し、代々にたたえ、あがめよ。
霰と雪よ、主を賛美し、代々にたたえ、あがめよ。
稲妻と雲よ、主を賛美し、代々にたたえ、あがめよ。
大地は、主を賛美し、代々にたたえ、あがめよ。
山と丘よ、主を賛美し、代々にたたえ、あがめよ。
地に生える草木よ、主を賛美し、代々にたたえ、あがめよ。
海と川よ、主を賛美し、代々にたたえ、あがめよ。
泉よ、主を賛美し、代々にたたえ、あがめよ。
海の巨大な動物と水に動くすべてのものよ、主を賛美し、代々にたたえ、あがめよ。
空のすべての鳥よ、主を賛美し、代々にたたえ、あがめよ。
すべての獣と家畜よ、主を賛美し、代々にたたえ、あがめよ。
人の子らよ、主を賛美し、代々にたたえ、あがめよ。

ダニエル書補遺アザルヤの祈りと三人の若者の賛歌　1・36～59

創造のみわざのすべての不思議を素晴らしいと思う心と、地球を大切にする責任感を私たちの内にかきたててくださるようにソフィアにお願いしましょう。

小鳥からの質問

東洋の古い言い伝えでは、一羽の小鳥を肩に乗せて人生を生きるように勧めている。その小鳥はあなたにときどき次のように問いかける。

「あなたは、本当にこんなふうに生きたいのですか」「あなたは、自分のいちばん深いところにある望みに忠実ですか」「あなたは、かかわりの中で、自分自身になっていますか」「もしこれが、あなたの人生の最後の日だったら、どういうふうに生きたいですか」

私たちは、このような問いをいつも聞いていたいとはかぎらない。立ち止まって自分自身の心の中を見て、人生の真の計画は何かを思い出したりしないで、もっと無意識に、自分流に生きたいと思うかもしれない。

私たちは皆、心の中に根本的な問いをもっている。

「私たちは誰なのか」「何のために生きているのか」「人生の意味は何か」「なぜ死がある

のか」

そして、これらの質問の答えは、雑誌やウェブサイト、インターネット情報で見つけることは決してできない。

イエスは、弟子たちや彼を取り囲む人々にたびたび尋ねた。

「お前たちはどう思うのか」「何を探しているのか」「何をしてほしいのか」「なぜ悲しんでいるのか」と。

その五世紀前には、ソクラテスが、同じようにして弟子たちを教育していた。そして、教師は出産のときの助産婦のように、一人ひとりの中にすでにある真実が外に出るのを助けるのだ、と説いていた。

ソフィアはこれと似たことをしようとした。私たちも、いつ質問されてもよいように、心の準備をしておこう。

ソフィアの物語

ある旅の途中で一軒の宿に入ったとき、若い娘が夕食の給仕をしました。ソフィアは、その人を見て同情し、食後に彼女が再び来たときに話しかけ、思い切って、「あなたと神さまとの関係はどうなっていますか」と聞きました。思いがけなく、娘は泣きだし、ソフィアと一緒に旅をしていた人たちは、慎み深く席を外しました。

ソフィアと娘は長い間残って話をしていました。何について話していたか誰も知りませんでしたが、その娘がソフィアの暖かさと自分に関心をもたれていることを感じて、悩みを話すことができたのは明らかでした。

ソフィアは、イタリア旅行のときに乗った馬車の、一風変わった御者ジョルジーノと大の友情で結ばれていましたが、ある日彼に次のように尋ねました。

「あなたが馬車をピカピカにしておくのが好きなことがわかりました。あなたの内面も、人生の旅路でこのようにしておきたいですか」

また、破産した一人の人が、その話をしに来た後で、ソフィアはその名前は言わずに次のように言いました。

「あれでよかったのかどうかわかりません。私たちはずっと経済的なことを話していて、彼が今、信仰をどう生きているかについて、私は何も尋ねませんでした」

現代社会を見つめて

聖心会のシスターたちと一緒にインドネシアのジャカルタで、ストリートチルドレンと廃品回収者のための社会活動団体で働いている三十五歳の信徒、テイゴール・ナインゴランの証言です。

「私はシスターたちが十年前にインドネシアに来てからずっと知っています。そして初めから、彼女たちが私たちとかかわりをもつやり方に驚いていました。私たち信徒のグループは、距離を感じさせず対等の立場で相談できる修道者の人々に初めて出会ったのです。シスターたちは私たちから習おうとし、また同時に彼女たちの資源や手段をあっさりと提供してくれました。シスターたちは私と一緒に教育のプロジェクトで働いています。子どもたちが字を読むことを習う動機づけとして、一緒に劇や歌の練習などたくさんの創造的アイデアを考え出しました。教養なしではその人々は、決して前進できないと私は確信しています。

その夜、通りにはバリケードが張り巡らされていて、息もできないような空気でした。インドネシアの首都ジャカルタのたくさんの地区が、抗議暴動があってから軍隊によって仕掛けられた火事で燃えていました。一九九八年の選挙の結果は、独裁者スハルトに不利なものでしたが、彼は何十年も続いた抑圧的政府の権力を渡すことに抵抗していました。暴動によってたくさんの死者と火傷をした人たちがいて、探しに行かなければならないことがわかりました。体制の敵とみなされた人々に対する長年にわたる迫害、投獄、拷問の後で、状況は爆発しました。私は、キリスト教の基礎共同体に属し、何年も人権擁護にかかわってきましたので、私の身近な民衆に起こったことは、私の心をひどく動揺させました。私は当局に追われていたので、聖心会の家に何日かかくまってもらいました。そこはまるで自分の家のように感じられました。

その晩私は友人として、シスターたちが去るのも留まるのもまったく自由に考えてほしいという私の気持ちを伝えなければならないと思いました。なぜなら、彼女たちのいのちは危険にさらされていて、たくさんの外国人が去って行ったからです。その返事は簡単で断固としたものでした。

『これは私たちの町です。ここに私たちの愛する人々がいます。そして私たちがその味方だということをより感じる必要のあるときに、行ってしまったりはしません。私たちに何の援助ができるか見てみましょう』

それ以上言葉は必要ありませんでした。通りに出て真夜中の道を静かに歩いていると、暗闇の中にただ一つ小さな光が私たちの心にあるのを感じました。その光は、私たちの中に、兄弟姉妹への奉仕のために一緒になろうという決心の火を灯しました」

もし天国のソフィアが手紙を書いたら……
今、あなたに語りかけるソフィアの言葉

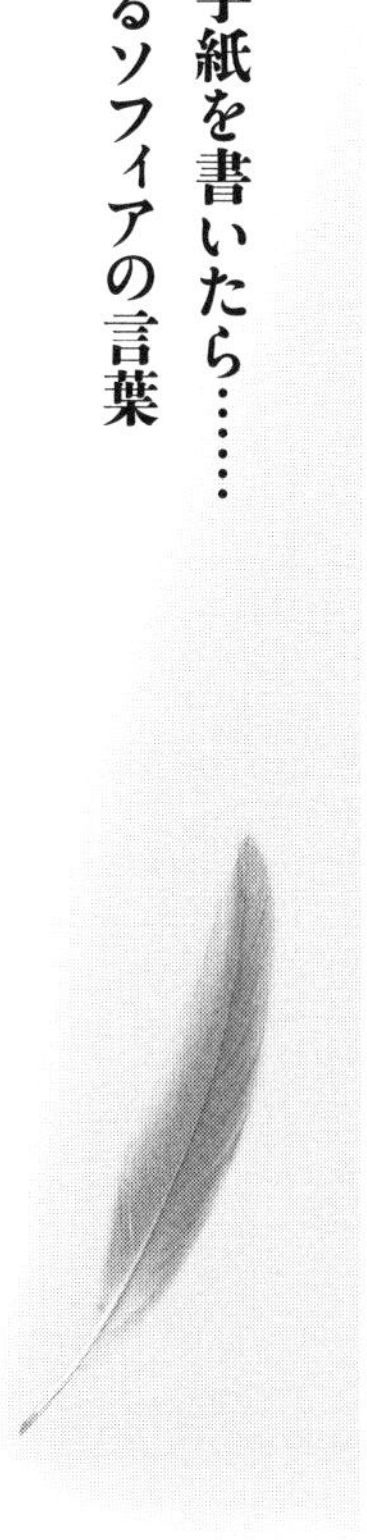

中途半端な生き方の中で、人生を何の不安も疑問もなく過ごす人たちがいるということは、私には理解できません。そのような生き方をする人々は、人生のいちばんよいところを失っていると思うのです。何をもって生きると呼ぶのでしょう。物事を熟考し、他人の問題に耳を貸し、興味をもち、共感し、友情において誠実であり、人々とともにいることを習うために一人でいることを知っていて、自分の受けた賜物を楽しみ、起こった問題を受け入れる、そういうことが生きるということだと思います。

あなたは、どのように生きていくと思っていますか。もっと年をとったらどのようになると思いますか。あなたが真っすぐな線の上を、あなたの神秘、そして私たちすべての神秘に、目もくれずに人生を進んでほしいとは思いません。あなたには、いつも神秘を覗いてみることができる隙間があったらよいと思います。

すべてを超えてあなたに望むのは、いつも自分に問いかけながら進み、決してすべてが単純で、すべては説明されていて、すべてに説明がつくと考えないことです。問題を考えないで衝動的に行動することは楽で、短期的にはより効果的なことも知っていますが、あなたのやったそのことが、あなた自身になぜそれをやったのかと問うてくる、その問い以上に深い問いはないからです。

今日はあなたに贈り物をしたいと思います。それは、あなたが時間のあるときに、自分に尋ねてみてほしい質問文のリストです。

・自分自身のいちばん好きなところは？　・人生で今いちばん価値があると思うのは？
・決して失いたくないのは？　・自分に課する長期的到達目標は？
・そのためにまずしなければならないことは？　・途中で遭遇するであろう困難は？
・その困難を乗り越えるためにしなければならないことは？

祈るためのヒント

神は、あいまいで遥か天上の、世の中にかかわらない神ではなく、イエスが親しみをこめて「アッバ、私のお父さん」と呼ばれた方です。

弟子たちが、「わたしたちにも祈りを教えてください」（ルカ11・1）と願ったときイエスは、「祈るときには、こう言いなさい」（同11・2）、と教えてくださいました。

そしてまた、「あなたが祈るときは、奥まった自分の部屋に入って戸を閉め、隠れたところにおられるあなたの父に祈りなさい。そうすれば、隠れたことを見ておられるあなたの父が報いてくださる」（マタイ6・6）と言われました。

あの方の前に立ちましょう。私たちが父とも母とも呼べる方は、私たちのもっている厳しい裁きの神のイメージを、温かい保護、養いと安全と救われたいのちのイメージに変えながら、私たちを近しい関係に開いて、ご自分とのかかわりに招いてくださいます。あの方の前で私たちは、母の腕に抱かれた子どもが感じるような、ありのままの私たちを受け入れ、愛してくださっている優しい、何も咎めない眼差しを感じることができます。

あなたの魂が広がり、心が大きくなるのを感じたとき、あなたの中で光と喜び、信頼と希望に駆り立てられるのを感じたとき、あなたは「これは私の愛する子です」と言われる父である神に気づくでしょう。あなたは信頼して、落ち着いて人生を歩むことができるでしょう。

金の糸を引っぱる

彫刻家が、大きな大理石で彫刻をしていた。一人の子どもがそれを眺め、床に落ちるかけらを見ていたが、なんだかわからなかったので、その子はそこを立ち去った。数週間後に、その子は彫刻家のところに帰ってきた。そしてそこに大理石の石材の代わりに立派なライオンの像を見た。子どもは驚いて彫刻家に尋ねた。

「どうして大理石の中にライオンがいるって知っていたの？」

彫刻家は答えた。

「そこにライオンがいるって私の心が知っていたからだよ」

ソフィアはきっとこの話が好きだっただろう。なぜなら、彼女も「彫刻家の資質」をもっていたから。彼女は一人ひとりの中に、たとえその人が原石のようであっても、隠れているよいところ、美しいところに直感的に気づき、見つけ出すことができた。彼女にとって教育するということは、人々が内にもっているすべての宝を外に引き出すのを助けることを意味していた。

ソフィアの物語

そのとき、ソフィアはあるシスターと一緒にとてもきつい旅をしていました。フランスの北に生まれたソフィアにとって、それは非常に暑くて、これ以上駅馬車に揺られながらほこりを吸うことはできないと感じたほどでした。それでソフィアとシスターは、馬を換える休憩に感謝し、一息つこうと馬車を降りて、道端に座り込みました。

するとすぐ、誰かがソフィアの横に座りました。それは一人の若い女性で、苦悩に満ちた様子をし、何か話したそうでした。彼女はソフィアの学校の卒業生で、とても悲しい過去をもっていたことに気がつきました。そのとき御者が、「ご婦人方、旅行者の皆さん、馬車にお戻りください」と知らせました。しかし、彼女をそこにおいて行くことはできないと考えたソフィアは自分が疲れていることも忘れ、もう一人のシスターに、自分は後から追いかけるから先に行ってもらうように告げました。そしてその女性と二人きりになれる部屋を借り、そこで長いこと話し、一緒に泣きました。

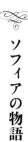

彼女の心の奥底に隠れているよいものを見いだし、それを引き出すための金の糸を彼女の中に見つけて引っぱるのは、ソフィアにとって難しいことではありませんでした。次に来た乗合馬車に乗ったとき、二人の顔は喜びに輝いていました。ソフィアは失われた子羊に出会ったイエスの喜びを感じることができ、その女性は新しくやり直したいという気持ちになっていました。

もう一つ、テレサという生徒のお話をしましょう。彼女は学校の規律に耐えられない子どもでした。そしてその我慢ならない反抗的な振る舞いで、先生たちの忍耐力をすり減らしていました。ソフィアはそのような難しい性格の心の底に金の糸が隠されていることを直感していました。そして仕事と勉強の要求をもっと我慢することができるようにしようと、彼女にロビンという名の山羊と遊んだり、餌を与えたりする役割を与え、菜園に送りました。テレサは少し落ち着いてきました。

ある日、大きな悪さをしたテレサがソフィアの部屋に逃げてきました。ソフィアがテレサに道理を話して聞かせ始めたとき、ドアをノックしている校長の声が聞こえました。「早くベッドの下に隠れなさい」とソフィアは言いました。そして校長をなだめようとして、自分はテレサのことはよく知っていて、その将来の振る舞いに責任をもつと保証しました。

校長が立ち去ってから、テレサはベッドの下から出てきて大泣きしました。何があってもソフィアが彼女を信頼していることに感動したのです。

ずっと後で、革命の真っただ中で修道院が包囲されていたとき、彼女はいのちがけでバリケードを乗り越えてコミュニティーを助けにきました。シスターたちが危険な状態にいることを知っていたからです。この出来事は、ソフィアに改めて人々を無条件に信頼することの大切さを認識させました。

現代社会を見つめて

アメリカ合衆国の聖心会シスターの、シーラ・ハモンドの証言です。

「『あなたが誰かに殴られたとき、最悪なのはあなたが受けた痛みではなく、むしろあなたは何の価値もないとか、何の役にも立たないとか、あなたが自分でも知らない何かに責任があり、そのためにあなたは殴られて当然だという気持ちが後であなたに残ることです』

これは、ボストンのマサチューセッツ総合病院に来た三十歳のエデイットの言葉です。彼女は酔って家に帰った夫からひどく打たれて、青あざだらけでした。しかも階段から突き落とされて腕を骨折していました。エデイットが、チャプレン（学校、病院等の施設で宗教者の立場で働く人）として私が働いているこの病院にたどり着いたのは初めてではありません。しかし彼女は初めから決して私と話をしたがりませんでした。むしろ彼女が自分のことを話したければと私が彼女のそばに座っても、放心したような沈黙の中に沈んでいました。

彼女は少しよくなるとすぐ家に帰っていきました。そこでは再び滅多打ちと、もしかしたら死が待っているのを私たちは皆知っていました。そして恐ろしいことは、私の国では四人に一人の女性が虐待の被害者であると知ったことでした。

私は、彼女や他の多くの女性が、体が治って退院しても、その魂の癒しなしでは何もならないと知っていました。しかし、この種の傷を治療するには、退院するときに彼女たちを指導し、助けることができるように、もっと彼女たちについてのデータをもつことが必要でした。とはいえ、社会福祉士や看護師に助けを求めると、あまりにも冷たい対応を受け、彼らが私と協力しないと決めているのだと感じてしまいました。彼らの一人はとても率直にこう言いました。

『修道者や司祭はこういう状態に対処するときにあまり評判がよくありません。あなたがたはすぐに彼らに、夫をゆるすように、夫のもとに帰るように、子どもたちの幸せを考えるようにと助言します。または、彼女たちをあなたの道徳的判断によってもっと自分を責める気持ちにさせてしまいます』

自己弁護したい誘惑もありましたが、心の深いところで、自分が慣れ親しんでいるのとは異なったことの見習い期間を始めなければならないとわかりかけていました。私は、自分が間違っていた多くのことを捨てて、彼らのことについて彼らと一緒に習い始めなければなりませんでした。

時がたち、今すべてが変わっています。私たちは少しずつ、前よりもっとお互いを知り合うようになりました。そして誰かは私がこのように世間に開かれていて、人間がいちばん大切にされているコミュニティーに属しているのは、大変幸せなことだと私に言いました。私たちは多くの女性たちが自分の尊厳を回復しその状況から抜け出す道を見つけるように、本当のチームを組んで一緒に頑張っています」

女性の問題に関する仕事は、聖心会員の仕事の中で、優先的なものです。その中で、ニューヨークのシスター　ミッキー・マッケイはアフリカ系及びヒスパニック系の女性たちのために、女性差別についてのワークショップを行いました。シスター　メアリー・ブラガンザは、インドの最も蔑まれているカーストの、ひどい搾取に苦しんでいる女性たちとともに生活し働きました。スペイン人シスター　ロサ・バイエスは元警察官でした。聖心会に入ってからは、虐待を当局に告発する女性たちの世話をする班で働いてきました。今（二〇一九年現在）は、移民のための仕事をしています。メキシコの聖心会は、原住民の女性を教育するさまざまなワークショップを開催しています。その目的は、彼女たちに学習の手段を与えることです。それによって彼女たちが、秩序だって考え、決断し、自分で判断をすることで、自国民と連帯できるように活動しています。

もし天国のソフィアが手紙を書いたら……
今、あなたに語りかけるソフィアの言葉

私の深い確信の一つは、魂に宝をもっていない人は一人もいないということです。光を得た一瞬、人生の望み、よりよくなりたいという夢、感謝したくなる気持ち……。そこから私は、その人の中に成長を促すものがあるという確信が得られます。成長のプロセスの一つの段階にいる誰かに出会うとき、よいタイミングとふさわしい助けがあれば、完全な成熟に達するという確信をもっています。

そして人生は私にこの成長を養うものは、他者に受け入れられることと愛されることであって、決して拒絶や改善のための気短な圧力ではないということを教えてきました。人間は植物と同じで、受け入れてくれた土地で成長します。拒絶された環境では育ちません。私たちが受け入れられ愛されていると感じるとき、私たちのすべてのエネルギーと成長したいと

いう望みは解放されます。

私はそのことについて大変強く確信しているので、私が最初の教育者たちに与えた規範には、彼女たちが自分の生徒の一人ひとりの中に見える進歩と変化を記入するノートを持つという項目が入っていました。ある人たちは、私が生徒たちの欠点を直すために注意をするということを大切にしないのを不思議に思いましたが、私には、教育者は何よりも心で見ることを習うことが必要に思われます。それによって欠点や外観よりも一人ひとりの長所や価値のほうを見つけるのです。

また、愛は要求が高いので対決と挑戦を挑むのはよいことですが、ありのままで愛され受け入れられていると感じていない人には、何の役にも立たないと思います。そして、いつも他の人を、その人が成熟した人になっていく大きなプロセスの中の、今いる段階で受け入れることが絶対に必要なのです。私たちが皆それぞれの間違いに気づくためにはスペースと自由が必要です。試すことと間違えることは、学び、成長するための唯一の道です。人生は何よりも根本的に一つのプロセスで、曲がりくねったプロセスなのです。

これらのことについて、あなたの考えを、あなたが愛され受け入れられたという経験はどのようなものかということを、そしてもし誰かにあなたの「金の糸を引っぱってもらった」ときのことを思い出したらそのことを、話してくださったら嬉しいです。

祈るためのヒント

私たちは「神の御前にいる」というフレーズで何を言いたいのでしょう。この言葉は、私たちがあたかもその翼の陰にいるように神とともに生き、いつも私たちの傍らにいてくださる神の忠実に頼っているということを表しています。神は私たちを愛し、私たちとともに歩み、決して見捨てないということを信頼できるということです。私たちの一貫性のなさにもかかわらず、私たちはその優しさに包まれています。

ソフィアは神が彼女をこのように見ておられることに信頼することを学びました。そして一人ひとりの心の中に隠れている長所を見ることも学びました。福音書のいくつかの箇所を思い出しましょう。

イエスは、マタイという人が収税所に座っているのを見かけ、彼の中の〝徴税人〟の生き方を弟子の生き方に変える能力を見つけ、彼を呼ばれました。(マタイ9・9〜13)

イエスは、姦通の現場で捕らえられた女が皆に裁かれているのを見て、彼女は人生をやり直すことができるとわかりました。(ヨハネ8・1〜11)

ペトロが網を修理しているのをご覧になって、彼が人間をとる漁師に変わることができると思い、ついて来るように招かれました。（マルコ１・16～22）

イエスの傍らで、その眼差しがあなたのいちばんよいところを見つけてくださるのを感じましょう。あなた自身もこのような見方で人々を見ることができるようイエスに願いましょう。

家の土台

もし家を屋根からつくり始めたらどうなるだろうか。良識ある建築家ならば、一軒の家を建てるとき、まずはその土台が安定しているか、しっかりしているかに細心の注意を払い、土地が堅固で、不安定な砂地ではないかを調べてから、建て始めるはずだ。慌ただしく物事を進めず、一度立ち止まり、基礎的なこと、本当に必要なことは何かを考えることは重要だろう。

ソフィアはたびたび人格形成を家の建築になぞらえた。それで、「岩の上に土台を置く」「土台を築く」「堅固に建てる」などのことについて話をした。彼女は、社会的成功のためとか、知識を得るためだけの教育を望んでいなかった。彼女にとって真に大切だったのは、若い女性と子ども一人ひとりに、その人格をつくりあげるための「素材」を与え、それを統合し堅固なものにし、人生の嵐に押しつぶされないで直面できるような力を与えることだった。

ソフィアの物語

ソフィアが会を創設した後、その開始を励まし支えたヴァラン神父が、「ソフィアは石、私の探していた礎石だ」と言っていたことを、ソフィアは知りました。そのとき、自分の限界を心得ていたソフィアは、これは大げさだと思いました。後に、時を経て、ソフィアの上に多くの責任が舞い込んできて、皆がソフィアに頼り、大きな期待を寄せるようになりました。そのとき、ソフィアは自分の中に、岩であり、人生の土台である方、イエスの愛とその心の忠実に対する信頼がずっと育まれていたことを幸いに思ったといいます。

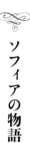

イエスに依り頼んで、平静の恵みが与えられました。ソフィアはそれをいつも周囲に伝えたいと思っていました。一八四八年の革命のさ中、修道院には恐れおののいている人たちがいましたが、ソフィアは考えていました、「このように怖がっている人々は、外で軍隊の太鼓の音が聞こえ始めたら、聖堂に閉じこもって、イエスとともに自分の心に向き合わなければならない。そうしなければ、彼女たちの恐れの太鼓は、驚くほど大きな音で鳴り出すだろう」と。

ソフィアの人生をいつも支えていた岩の一つは、教会への決して変わらない愛でした。彼女はその時代の、教会内の争いの台風の目の中に生きていたにもかかわらず、その愛をいつもも持ち続けていました。一方で、フランスの司教たちは、フランスの国外に広がっていく聖心会を疑っていて、それに対する権限を維持していたいと望んでいました。また、他方では、多くの人々は、もし聖心会が他の国々に定着したいならば、本部は教皇のそばで、教会の目の届く中心であるローマに置くべきだと考えていました。ソフィアはこの二つの考えの真ん中にいて、どんな決定をしても、反対側の意見をもつ人々から悪く思われる立場にありました。

この葛藤はソフィアの生涯で最も大きな苦しみの原因の一つでしたが、彼女は忍耐と謙遜と思慮分別をもってそれを生き抜きました。彼女は次のように言っていました。

「性格的に私は疑い深くありません。誰についても悪く考えるのは嫌いです。もし誰かが公然と悪い行動をしたら、その人はよい意向でそれをしたと考え、それ以上追及しません。すべてのことをとおして主は働かれます。いつものように、主にお任せするだけです、そうすれば、主は悪いものからよいものを引き出してくださいます。疑いもなく、主はそのご計画の妨げにならないように、この貧しく、生来の才能のない道具をお選びになりました。

何かの才能をもっていたら、もしかして私はそれらを犠牲にして自分の職務を果たすのが難しかったかもしれません。主はこの働きを人の手によるものではなく、まったくご自分の働きになさりたかったのです」

現代社会を見つめて

スペインの聖心会のシスターのもとで一年間準備してから、第三世界で奉仕をしたある大学生の証言です。

「『お願い、テレビ消して！これ以上飢えた子どもたちを見るのは耐えられない』

かつて私は、家でこの言葉を繰り返し言っていたのを思い出します。とはいえ、彼らの悲しみでいっぱいの小さな可愛い顔と、膨らんだ腹部は、チャンネルを変えるよりもっと遠くまで私を連れていきました。私はボランティアとして、パラグアイで栄養失調の子どもたちのための代替食物のプロジェクトにかかわって一年間働き、最近帰って来たばかりだからです。

私の思い出と心の中には、微笑みを取り戻した多くの子どもたちの顔と名前があります。それを忘れることは決してできないでしょう。またその母親たちのことも。私が多くのことを学ばせてもらった女性たち、そしてその不屈さと、耐久力は、私の心を永久に魅了しました。

私の働いていたプロジェクトは〝児童司牧〟と呼ばれ、ブラジルの司教たちの発案で生まれましたが、すでにラテンアメリカのほかの国々にも広がっています。医者と栄養士のグループは、各国の資源の中から栄養があり調理しやすい食べ物を探します。例えば、サツマイモやキャッサバ（根からタピオカを取る）の葉を卵の殻と混ぜて動物の餌にしてきたものが、栄養豊富だということがわかりました。次のステップは、それを女性たちに教え、彼女たちがそれを調理することを習って、子どもたちの栄養不良を防ぐことができるようにするにはどうしたらよいかを考え、計画することです。

私はそこで協働することができました。その仕事の中でいちばんよかったのは、ある村で短い研修会を主催したとき、そこに近隣の村々の女性たちが、何時間も徒歩で、または自転車でやって来て、ともに週末を過ごせたことです。大部分の人は読み書きができないので、彼女たちが学習しやすいように、私たちは絵やポスターを、可能ならばビデオを使わなければなりませんでした。子どもたちの健康のためにふさわしい食事を作ることを習って、彼女たち自身が家族の健康に責任をもち、近所の人たちにそれを教えるリーダーに変わることを確認するのは、なんと大きな喜びだったでしょう。

『神に感謝します』と、彼女たちの一人が言いました。『児童司牧は私たちの状況を変えました。これからは、子どもたちは健康な状態で生まれてくるでしょう』『私は、家から出ない女でした。しかし、今私は、このような講習会に来て、習ったことを仲間に伝えます。今私は、もう自分の価値を知っています。そして、村のペトロになりたいです』

私たちは、ペトロが『わたしには金や銀はないが、持っているものをあげよう』（使徒言行録3・6）と言った箇所を読んでいました。私たちがほこりと土と穴ぼこだらけの道を通って、子どもたちの体重計測のために小さな村々を訪ねたとき、贈り物がありました。以前知り合ったときは骨と皮だけだった子どもたちが、もう歩いたり笑ったりしているのを見たことでした。

疲れきって、けれども喜びの中に首都アスンシオンに帰ったとき、私たちは、少なくとも死との戦いには勝ったという感動を覚えていました。そして、私たちは食物を作ることを教えたけれど、素晴らしい人々の価値と強さを身近に知って学んだことのほうがずっと多かったということを語らなければなりません」

最近数回の聖心会総会以来、「いのちを養い育て、守る」という決意がしばしば話されています。そしてその実現の方法は、種々多様です。ブラジル、パラグアイそしてベネズエラで、何人かの聖心会員が児童司牧のために働いています。スペインで、聖心会員マユ・デ・ラ・アレナは、地といのちという卒業生たちのグループのリーダーをしています。その目的はプロジェクトを続けるために、プロジェクトに関心をもってもらい、資金を見つけることです。

もし天国のソフィアが手紙を書いたら……
今、あなたに語りかけるソフィアの言葉

この本は私の人生を語っていますが、ここで私は、あなたの人生について話してほしいと思います。

あなたの生まれた家（もしくは記憶にあるいちばん古い家）の見取り図を描いてください。自分をその中に置いて、思い出す感動と繋がる場所を示してください。一つひとつの部屋を回って、具体的な思い出のあるところに印をつけてください。あなたの記憶が次々浮かぶに任せて、沸き起こってくる気持ちを書き留めてください。それから、あなたが、将来住みたい家の土台、堅固さ、開放性、外観、広さなどを想像してください。

それから、そういう現実の家を離れて、あなたの人生が建築計画中の一軒の家の模型であったらと、思い描いてみてください。そして、それぞれの部分に名前をつけてください。

土台はどういうふうになっていたらいいと思いますか。どの材料を使いましょうか。間取りはどんなふうにしたいですか。どんな土台の上に建てたいですか。というのは、その家の塗装、装飾、建築資材についてよくよく考えても、耐久性のあるしっかりしたよい土台を置

くことを忘れたなら、大きな間違いを犯すことになるからです。

　あなたの人生は、あなたのすることによって価値が決まるのではありません。周囲の人があなたをどう思うかによってでもありません。あなたが持っている物によってでもありません。もしそれらがあなたを支える土台であれば、人があなたをよく言わないとき、または、人間関係を損なったとき、また、人間関係や仕事や経済的なことで失敗したときに、あなたのすべてが倒壊してしまいます。そして気がついたときは、あなたの「家」はよろめき、崩れ落ち始めるでしょう。

　私が本当の土台だと考えているものについての秘密を教えましょう。私たちに信仰を与える土台、それは、神が私たちにとって堅固な岩であるという確信です。この決して裏切らない岩の上に、あなたの人生を建てることを恐れないように。

祈るためのヒント

　ときどき誰かが尋ねます。祈りは生活とは別なものですか、と。ある面ではそうですが、別な面ではそうではありません。食べることが飲むこと、眠ること、息をすることと違うように、別のことです。それらは全部いのちに必要ですが、違う次元です。私たちは祈りにささげる時間に、また日々の生活の中でも、神とかかわれます。少しずつ、あらゆる瞬間に神とかかわっていることに慣れていきます。

ソフィアが〝内的生活〟と呼んでいたことを実践する単純な方法は、私たちの最も真実な感情を形成する四つの言葉の助けによって、数分間その日生きてきたことを振り返ってみるというものです。

感謝　その一日の中で、幸せだったときや心静かだったときについて、よかったことについて、そしてあなたのかかわった人々について。神はその人たちの内において私たちのところにおいでになり、あなたの道で繋がり、生きて、行動する神として現れ、しるしをとおして〝目くばせ〟をして、あなたにご自分を顕わされました。

お詫び　神との友情の中に生きなかったときのこと、失敗や利己主義、神があなたを待っていた約束のところへ行かなかったこと、周囲の人々を愛し仕える機会を逃がしたこと。それを認めることによって、あなたは真実の中に成長し、あなたの欠点を知るようになります。それは、元気を失うためではなく、よりよくなっていくためです。

助けてください　イエスの前に、あなたの一日を、あなたの生活を、壁掛けのタペストリーのように広げて、よりよく織り上げることを助けてくださるよう、お願いしましょう。しかし何よりも、主があなたのありのままを愛し、無条件であなたを受け入れてくださっているという〝よい知らせ〟に心を開きましょう。自分を責めたりせず、自分に何も要求せず、ただ主のあなたへの愛を信じましょう。

あなたを愛します　これらの言葉があなたの心のいちばん内奥で生まれるのに任せましょう。そうすれば、あなたの神との物語がもっと深く、もっと本物になるでしょう。

自分自身と出会うところから

私たちは自分の体を過剰に意識する世界に生きている。昔は体が無視されたり否定されていたことがあったかもしれないが、今は体が最優先の時代だ。外見をよくしようとしてモデルたちに注目し、かつてなかったほどたくさんの衣料品店が存在し、常にダイエットが話題にされ、ジムに通い、多くの若者が太らないようにという考え方に取りつかれて、拒食症、または過食症に陥っている。そのためにたくさんの〝美女〟が存在するようになった。

しかし彼女たちは、日ごとにより強く、美しくなる体を手に入れはしたものの〝中身〟が弱くないがしろにされた空っぽの殻のようだ。外見のきらめきばかりが重要視されて、より大きな価値、常にその内面にある人間の真の価値を失う危険にさらされているように思われる。

しかし私たちはもう、いのちの根本にある体に無関心でいることもできない。体は私たちのすべてのコミュニケーションの可能性が集中する出会いの場であり、それに耳を傾けることにより、私たち自身のことをたくさん学び、そして体をとおして私たちの人格全体のより正直な表現をすることができる。

ソフィアの時代に〝純潔〟と呼ばれていて、今は時代遅れのように思われているこの言葉を、今日の私たちの言葉にどう訳したらよいのだろう。

ソフィアの物語

ソフィアの健康はいつも悪い状態でした。近所の家で火事があり、母が恐怖のあまり早産したので、ソフィアは未熟児でした。「火事が私をこの世に連れてきたのです」、と彼女は繰り返し言っていたものです。それで彼女は一生病身でした。

一八〇四年二十五歳のとき、重い病気にかかり、癌ではないかと疑われました。その心配は無用とわかりましたが、婦人科系の病気で、当時はその種の疾患は恥ずかしいものと考えられていたので、隠していました。幸い仲間たちが気づいて無理に医者に行かせましたが、彼女には大変つらいことでした。しかし、治療を受けたことによって、完治とはいかないまでもよくなりました。

彼女の足はあまりよく彼女を支えたことがなく、たびたび転び、ほとんどいつも同じ場所を骨折し、安静にしていなければなりませんでした。そういうときに限って、急ぎの旅行が計画されていたりしました。

そのうえ、たびたび風邪やリュウマチにかかり、歳を重ねてからはほとんどいつも十一月から二月までは病気を患っていました。一種の〝隠棲《いんせい》〟のようなもので、耐えるのは大変困難でしたが、ソフィアにとっては内省し、祈り、彼女の直面している種々の問題や困難を統合する機会にもなりました。

現代社会を見つめて

フィリピンで宣教活動をしているマリア会のシスター チニ・ルエダの話です。

「まるで子孫を残すことを放棄した無責任な人間であるかのように、あるいは感情的な欠落でもあるかのように私を見ないでください。独身を選択するというのはそんなに珍しいことではありません。私は自分を正当化したり、自分の生き方をあなたに押しつけたりする気はありません。ただ私は、独身生活が他の道と同様に現実の幸せをもたらす可能性があることを知っていて、決して存在しなくなることがないものだという印象をもっているので、あなたにそのことについて話したいのです。

私の人生にないものは何でしょうか。私の独身生活の選択は、基本的に何も所有しないという体験です。あなたと同じように、私にもたくさんの望みがあります。評価されたい、理解されたい、愛されたい、保護されたい、つまり誰かのものになりたいということで、そこに大きな情緒的安心があり、それによって誰かを所有する素晴らしい可能性に開かれるからです。独身でいるということは、誰をも所有せず、誰にも所有されないということです。

誰も私の体のすべての秘密を自分のものとするために愛撫したりしません。私は自分の家族をもとうとしません、つまり、誰も私の微笑みを、言葉遊びを、自転車に乗る趣味を、情緒的な性格を受け継ぐ人はいません。私をお母さんと呼ぶ人はいません。私自身の体から生まれ、怖いときに私と一緒にいたいと望み、思春期に私をはらはらさせたり、心配させたりする人はいません。

しかし私は、愛も喜びも知っています。この社会に独身でいるということは、かかわりをつくりだすということであり、別の愛を生きること、別の喜び、別の形で生かされるということです。独身生活とは、体や性を忘れることではありませんし、愛を忘れて冷やかになるなどとんでもないことです。独身でいるということは、性のかかわりに別な方向づけをして、フルに生きるということです。それはあなたの情緒的エネルギーのすべてを向けることを要求している目標に到達したいが故の独身だということを、私は知っています。

独身をとおすことで、私が苦しみに対して〝免疫〟ができていると思ってはいけません。その反対です。私は愛をもっと本物にすると思います。私たち独身者は、他の人々のために生きる度合いに応じて、性と愛情のエネルギーを他の人々に与え始めることになるのです」

〝共感（コンパッション）をもつ女性として、一致（コミュニオン）を生きる女性として、和解の女性として生きること〟は、聖心会のシスターとして貞潔の誓願を生きる一つの具体的やり方です。

メキシコの若者レイナ・ゴンザレスも次のように表現しています。

「私は私の心に名前が残っているたくさんの女性たちに感謝します、なぜなら私は、他の人々がいのちを得るために自分の人生を開け渡し費やすということ、女性としての私の可能性と限界を認め、喜びと悲しみをもって連帯して生きるということを彼女たちから習ったのです」

もし天国のソフィアが手紙を書いたら……
今、あなたに語りかけるソフィアの言葉

私の時代には体のことや性のことについて（それを生きているにもかかわらず）、声に出してコメントするようなことはありませんでした。今日このテーマについて、自然に話すことができるのはよいことだと思います。

私は〝許可されていること〟とか〝禁じられていること〟というような言い方は好きではありません。それがよいことだと思いません。なぜなら私は、キリスト教というのは一連の規則から成り立っているのではなく、息であり火であって、その中でいのちはより高度の強さに到達すると確信しているからです。

あなたがこのことについて誰か大人と、または友達と話したことがあるかどうかは知りませんが、いずれにせよ私は、あなたが性を何か単純でつまらないもの、表面的で取るに足りないものとは決して思ってほしくありません。性は、あなた自身の最も奥深いところに重々しく影響する、あなたの人格の本質的な次元です。それは異なる内容と可能性をもっていま

す。快楽、コミュニケーション、情緒的な絆、受胎能力、人と人との間の取り決めです。閉じられたものではなく、一面的に決定されているものでもないので、いろいろな形でそれを生きることができます。

はっきりしているのは、誰も独りで成長することはできないということです。しかし、性の営みが人と人との関係を前提としているからこそ、楽しみの場だけでなく、何よりも優しさとコミュニケーションと愛情の場であるときにだけ、意味があるのです。

他の人を自分の楽しみのための単なる手段や道具にすることはできません。性的行動と営みを促すもとにあるべき倫理の根本は、基本的に他の形の人間的関係や共生にも通用するものです。すなわち、自分に対しても他人に対しても正直で誠実であること、理解と敬意、信頼、忠誠と忠実……。このようなことはすべて、私の時代には〝純潔〟と呼ばれていたと思います。

自分自身の体と他の人の体に対して敬意をもちましょう。感情ほど私たちを苦しめたり喜ばせたりするものはありません。なぜならそれは、私たちの喜びと苦しみの中核だからです。したがって恋することのプロセスは、実在しないものに対して人を弱い立場にすることを考慮に入れてください。あなたを引きつけるものすべてを、あなたのものにしようと思わないように。社会的グループは原則としてまったくあなたには重要でないと断言しないように。〝私がほしいから〟とか、〝それはあなたの問題だ〟とか、〝私には関係ない〟とかいう言葉を使ってはいけません。なぜなら、それは他の人の基本的人権を認めない個人主義の特徴だからです。

終わりにカントの次の言葉を贈ります。

「あなた自身の人格とすべての人の人格に存在する人間性を、いつも目的として使い、決して単なる手段として使ってはなりません」

祈るためのヒント

私たちが体をもっているのではなく、私たちが体なのですから、祈りにも体を考慮に入れなければなりません。第一に、姿勢に気をつけましょう。あなたの好きな格好でよいけれども、背中を真っすぐにして硬くならないでリラックスしてください。鎖骨を真っすぐにして胸郭を開くと深い呼吸ができます。もしあなたが座布団の上に足を組んで蓮華座ができるなら、さらによいです。もしそれができなければ、足を床につけ、手を膝に置いてきちんと座ればそれで十分です。気が散らないように目を閉じるのも助けになるかもしれません。

自分の呼吸を意識しながら祈りに入りましょう。呼吸に集中して何も考えず、ただそのリズムに任せて。吸って吐いて、吸って吐いて……。

ある祈りの人は、祈りのこの静けさを詩的な言葉で表現しました。

「主よ、私をあなたの前に、太陽のもとにある植物のように、火の中の薪のように、空の鳥のように、手の中の水のように留まらせてください。私はあなたの太陽のもとで歌いましょう。あなたの火の中で燃え上がりましょう。あなたの中に留まりましょう。あなたの心に印章のように押してください。あなたの愛は死よりも強いのです」

あなたの体とかかわりのあるもう一つの方法は、あなたが落ち着く姿勢を取り、硬くならずに静かにそこに留まることです。

深く息をしましょう。心静かにリラックスして、目は閉じて。そのとき考えるただ一つのことは、神があなたの中におられ、あなたには見えないけれども、そこにおいでになるということです。その現存に集中してください。

あなたは、あなたの思考と身体の主人です、それをすべて神に差し出すのです。

一人ひとりの可能性

「潮流に身をゆだね」「生きるという感情に身を任せ」、「考えずに感じて！」、「情緒に導かれて」想像しなさい、試しなさい、望みなさい……。社会にはこの種のメッセージがあふれている。私たちが自分自身で考え、内省し、自由な決断をするように促すことはない。

では、私たちが常に自分自身であって、他から操り人形のように操作されないためには、どうしたらよいのだろう。

ソフィアの時代には、女子には教育をしても仕方がない、という意見が一般的だった。女性の本分は、勉強をすることでも、考察や知性や知的訓練が必要な仕事をすることでもないという考え方だった。ナポレオンの法規には、次のように明言されている。「女性の本性は我々の奴隷であり、実のなる木が農夫に属するように、我々に属する……。女性は子どもを産む機械以上のものではない」（これが、進歩主義者という名声を博した人の法規であるとはなん

ということだろう）

このようなわけで、聖心会が若い女性の教育にささげられるというソフィアの決断は、文化に逆らう危険な選択だった。彼女の作成した学習指導要領には、子どものときから内省し、発見し、質問し、状況を分析し、習ったことを議論する習慣を育てることの大切さが述べられていた。聖心の生徒は物事を決める前に考え、観察し、外見に騙されない習慣をつけるようにということが大事にされていた。彼女はそれを〝足の下に堅固な土台を置く〟と表現した。別な言い方をすれば、〝頭をしっかり据える〟ということだ。

ソフィアの物語

ソフィアの学識は、状況の綿密なデータを把握するために、一瞬一瞬しなければならないことを決定するために、また適切であると考えていたことを終えるために、彼女に偉大な能力を与えました。

彼女の手紙には、数えきれないほどの提案、考え、計画が書いてありました。その中のいくつかは実現し、ほかのものは実現できませんでした。ソフィアは、結論を探すときに柔軟で創造的でした。もし彼女が次の文章を読んだら同意したことでしょう。「今後五十年間に

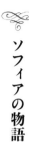

（またはそれより早く？）今日通用していることの大多数は通用しなくなり、新しい道をたどり、別の方法を発明し、別の方法に頼らなければならなくなるでしょう。そして、人間の潜在的な創造力だけが、その危機を乗り越えることができるでしょう」

しかし彼女は、知識を相対的に見ることも知っていました。学習指導要領についてのある集まりで、ユーモアを交えながら次のように話しました。

「私の兄が、私にたくさんのことを覚えさせるというよいことを思いついたのは、かえって不幸中の幸いでした。そうでなかったら、私はどうなっていたでしょう、たくさんの物知りや物知りになりたい人たちと暮らしていて……」

現代社会を見つめて

アテヤットは二十二歳です。彼女は、砂漠のすぐ近くにある上エジプトのコルカスの聖心で教師として働いています。コプト派の教会（エジプトで最も古いキリスト教共同体）に属し下層階級の出身なので、彼女の将来は畑仕事や家事と初めから決まっていて、学校に行かず読み書きができないままでもいいと言われていました。しかし、十四歳のときシスターたちが女性たちに仕事場を提供し、アテヤットはそこに来るようになりました。そこでほかの若者たち、何名かのキリスト者とイスラム教徒と一緒に読み書きを学び、また売ることのできる小さな手芸品を作ることを習いました。

彼女の人生はなんと変化したことでしょう。ずっとほしいと夢見ていた金のペンダントを買うことができたときは、嘘のようでした。しかし、もっと重要なのは、彼女の中に芽生えた自尊心でした。そして、教師になれるまで勉強を続けられたことでした。

長年エジプトにいたカタルーニャ出身の、シスター　マリア・オリベが次のように話します。「ある日突然、アテヤットが滂沱《ぼうだ》の涙を流しながら私にその悩みを話しました。彼女の家族は、愛してもいないし、そのうえ暴力をふるうので恐れられている従兄と彼女を結婚させたがっていました。彼女は抵抗する勇気もなく、婚約者からいくつかの金の装身具を贈られる婚約パーティーもすでに済ませていました。そしてその部族では、男性はその約束を破棄することができても、女性がその約束を破ることは決してなかったのです。

結婚式の日が近づくにつれて彼女の苦悶は高まり、私に助けを求めてきました。最初のうち私は、自分がどんな複雑なことに介入しようとしていたかわかりませんでしたが、コミュニティーのシスターたちは私をサポートすると決め、私に大きな力を与えてくれました。

婚約を破棄することから始めなければなりませんでした。どのようにしてこの深く根を下ろした伝統を打ち破ることができるでしょうか。家族の決定にどうやって抵抗するのでしょうか。コプトの司祭の家で、二家族が集まったときの緊張を思い出します。侮辱と脅迫と屈辱を感じて怒り狂った男性の暴力的な復讐に対する恐れがありました。相手家族への一種の賠償金を払うために倹約しなければなりません。そして、険悪な雰囲気での交渉の末についにすべて収まり、結婚式は取りやめになりました。

今アテヤットは愛する人と結婚し、学校に通っている三人の可愛い息子がいます。彼女が微笑むのを見ると、私たちは彼女のそばで体験した恐ろしい時間を忘れてしまいます。

エジプトなどアラブの国の女性たちは、人間として、ときには生きる権利すらも奪う否定的な社会状況によって、非常に苦しんでいます。農村の環境は、あまりにも貧しいので、子どもたちに教育を与えることが贅沢だと思われているほどです。また、生まれたときに名前を登録することもなく、戸籍も一生ないままです。大勢の子どもたちのために、学校も十分な数はありません。そのうえ家族は、家の外での女の子の危険性を考え、あまり外出させようとはしません。そのため女子の文盲率は、約八〇パーセントになっています。

エジプトの聖心会のシスターたちが住んでいる小さな村に十二歳以上の女子が学び、仕事を覚えるのを援助する作業場がつくられました。彼女たちの多くはその後、大学にまで進みます。

もし天国のソフィアが手紙を書いたら……
今、あなたに語りかけるソフィアの言葉

私の勉強についてあなたにお話しするのは、ちょっと気恥ずかしさを感じます。私が学識豊かだと思われたいなどと考えないでください。実際はほとんどすべて兄のルイのお陰です。彼の厳しさにもかかわらず、彼は私を読書好きにし、読んだことを理解し、学びながら楽しむようにしてくれました。

ホメロスやウエルギリウスを楽しみ、教父たちの書いたものも勉強しました。スペイン語も学び、そのお陰で聖テレジアや十字架のヨハネを原文で読むことができ、ドン・キホーテで大笑いしたものです。どうか私が変わり者だったとか、本の虫だったとか思わないでください。あなたの年ごろには、遊ぶのも、友達と出かけるのも、きれいな服を着るのも好きでした。

もし私が、あなたの生きている時代に生きていたら、科学技術の世界に入りたくなり、生命倫理や、情報科学や、生態学（エコロジー）に関心をもっただろうと思います。しかし、

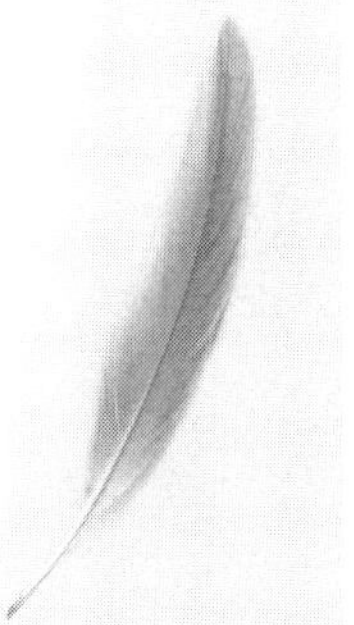

常に教育の目的についての私の基本方針は大切にしていきたいと思います。それは、すべての学問は人間のためであるということです。

私はもし人が、発見し、質問し、想像する喜びを自分の中に生かし続け、生きることを学ぶため、成長するため、そして新しい道を開くために、思い切って習慣的行動を捨てる勇気があるならば、その人は若いと思います。そして不確かな、変わりやすい状況は、あなたが予知できないことに応える能力を若々しく保てるようにし、あなたを困惑したままの状態にしておくことはないと確信しています。

若いころ私たちが受けた教育は、安定を目指すものでした。しかし私は、多くの革命と変化に会い、思いもよらなかった問題に新しい解決策を考え出さなければなりませんでした。ですから私は、びっくりするようなことにも慣れましたし、解決法を考え出すことの重要性を理解しています。

創造的であるということは、思い切って何度も何度もやってみるということです。創造性によって自分を表現し、造り出し、発明し、あなたの環境を改善し、あなたのエネルギーすべてを動員し、すべてを放出することができるでしょう。

あなたの中には、伸ばされ、注意を向けられなければならない創造性の、豊かな可能性があります。生きることだけで満足してはいけません。そのまま覚えて繰り返すことを基本にするような教育は、拒否しましょう。常に参加することと、新しいことを始める責任を要求し、困難な状況から颯爽《さつそう》と出てきて、成熟した決定をし、他の人が袋小路にしか見えないところにでも出口を見つける心の準備をしましょう。

祈るためのヒント

福音書は海のようです。昼も夜もそれを眺め、その声を聞き、色が変わるのを見、水平線の遥か彼方の雲に気づく船乗りだけが、海の言葉を読みとることを知っています。ですから、私たちキリスト者はいつも福音書を持って、またはそれを枕元のテーブルに置いて、み言葉との交わりなしに一日も過ぎることがないようにしなければなりません。イエスをよく知るために、福音書に親しみましょう。

福音書のイエスが誰かと出会う箇所をゆっくり注意深く読んでみましょう。その場面を想像します。その場所、時間、登場する人々、一句一句に、一つひとつの細部に注意を払いましょう。登場人物たちに注目してみましょう。彼らは何をしていますか、話をしていますか、感じていますか、どのように振る舞っていますか、始めと終わりで彼らに何か変化がありますか。
例えば、ペトロの姑の物語の初めは、彼女は一人でいました。そして熱病で寝込んでいます。最後は、立って、他の人々と一緒に仕えています。中ほどに、彼女の変化の秘密があります。イエスは、彼女の手を取って立ち上がらせました。（マルコ1・29〜31）
また、ザーカイは、初めは背の低い男、徴税人の頭《かしら》、他の人々を犠牲にして財を蓄え嫌われていたと述べられています。しかし、イエスとの出会いによって彼は立ち上がって、喜びと寛大な心に満たされ、盗んだ物を返し、気前よく分かち合う決心をしました。中間の場面での変化のきっかけは、彼の家で食事をすると言われたイエスでした。（ルカ19・5〜10）
それぞれの人の立場に立って見てください。あなたが熱病にかかった女の人、またはザーカイだったら……それぞれの人の状況、望み、問題、言葉、思いを自分のものにしてください。
それからイエスを見て、イエスを〝内から〟知るようになるようにします。どのようにかかわられるか、どのような態度を取られるか……言葉や思いが何かあなたの心に響いたら止まってください。イエスの内なる思いに入ろうとしてください。共感、優しさ、理解、治したい、癒したい、ゆるしたい……。イエスと対話し、沈黙のうちにおそばに留まりましょう。

その人の靴を履いて

アメリカの原住民の古い格言に次のようなものがある。

「もしあなたが、誰かを本当に理解したいと思うなら、まずその人の靴を履いて一マイル歩きなさい」

同じことは、聴くということについても言うことができる。あなたの用事をわきに置いて、あなたの心と、意志と、エネルギーを、あなたに話している人の心配事に向け、自分の心配事は払いのける。もし、あなたが相手の心配事の中に入り、「その人の立場に身を置くなら」、あなたはその人にいちばん必要なことをしているということだ。それは、誰かがその人に関心を示すこと、その人が信頼できると感じる自由な空間を与え、その人個人のパズルのピースを埋めていけるようにすることだ。聴くということは、相手の中に入るために努力することで、話し手の目で見て、その固有の反応を自分自身で追体験することだ。

このように理解するには、まずは自分自身の枠から出る誠実な努力をしなければならない。だから、本当に聴くことを知っている人は少ない。ソフィアはそのような人の一人だった。それだから、「誰かとかかわるときは、時間が消えてしまうような気がします」と語ったのだ。

ソフィアの物語

ソフィアが動けなくなって療養中のあるとき、自室の窓から凍りつきそうな寒さの中を、一人のシスターが外套を着ないで庭を歩いているのを見つけました。お世話をしていた人を呼んで、「お願いです、私のショールをすぐ彼女に持っていってください。凍えてしまいます」と頼みました。

別の日、今度は息苦しいほど暑いときに、窓のそばの机からパリの修道会本部の工事現場で働く労働者たちが、日差しの照りつける中で昼寝をしているのを見つけました。きっと、太陽が動くことを勘定に入れずに、日陰で寝たのでしょう。何枚かのハンカチを持ってそっと降りて行き、彼らを起こさないように注意深く一人ひとりの頭にかぶせました。そして、行ったときと同じようにまたそっと戻りました。

「一人のとても小さい寄宿生が入学しました」とシスター ポーリーヌ・ペルドゥローが話

します。

「彼女は大変大切に甘やかされて育ってきたように思われました。それで私は彼女の教育を始めるにあたって、他の子たち以上の世話はせず、他の生徒と同じように彼女をその部屋に置いてきました。ソフィアは翌朝それを知って私に怒りました。

『あなたには心も常識もない、どうしてあの子の最初の晩に一人にしておくなどということをしたのですか。聖心の学校では、子どもたちは自分の家にいると感じられなければなりません。私なら、連れて来てそばで寝かせ、可愛がって、お話ししてやって、彼女が恋しがっている家族の暖かさを全部与えたでしょう。あなたは、彼女の上に豊かに注ぐためのイエスの愛を全部もっているのに、そうしませんでした』と。

私はこの教訓を決して忘れないと思います」

現代社会を見つめて

リマ郊外のアウグスティノのスラムに住むロサが、先生に次のように書いています。

「昨日先生のクラスの学生たちを私のスラムに連れてきました。彼らがリマの郊外近辺を見ることを先生が望まれたからです。彼らは皆、大体私と同じくらいの年齢でしたが、私は彼らをとても遠く感じました。たぶん彼らはこれほど貧しいスラムを見たことがなくて、恐怖を感じていたのでしょう。

私も、私たちのスラムは大変汚くて、泥だらけで、水たまりだらけだと思います。下水道がなく、あちこちにごみが落ちています。しかし、私が最も悲しかったのは、彼らの顔には同情よりも、軽蔑の表情があったことでした。一人が私に聞きました。

『どうしてあなたのところの人たちは、こんなに汚いの?』

私は彼らに説明したいと思います。私たちのスラムには八万人ほどの人がいて、私の家族もそうですが、ほとんど皆、奥地から出てきています。なぜならそこではもう食べることができなくなって、仕事を探してこちらに来たのです。

私たちはお金がないので、何とか住むことができる切り立った山の上のほうに小屋を建てました。不法に土地を占拠しているので、当局はいつでも私たちを追い出すことができます。許可も資格証明書もない私たちのために、誰が下水道や公衆トイレを造り、ごみの収集と道の舗装をするでしょう。誰が私たちに水道を引いてくれるでしょう。誰に頼んだらよいのでしょう。私たちの誰に、これらの答えを見つけるだけの十分な知識とエネルギーと時間があるでしょうか。

私たちは、このような不潔な状態の中に生活することが危険であることを知っています。

しかし、それを知っているからと言って、私たちに何ができるでしょう。この地域の男性も女性も皆、わずかなお金を稼ぐためにラバのように働かなければなりません。仕事のない人たちは、何時間もかけて働き口を探します。

女性たちの多くはペルーの人々の多くが話すケチュア語しか話せませんし、スペイン語の読み書きができる人はごくわずかです。彼女たちは朝日の昇る前に品物を売りに出かけ、またもっと運のよい人たちは、マーケットで働くかどこかの工事現場で働きます。運が悪ければ、お金を持たずに家に帰り、誰か近所の人か金貸しのところに行って、何か少し食べ物を用意できるお金を貸してくれるよう頼まなければなりません。

しばしば子どもたちは大変疲れていて、弱くて、食物を呑み込む力さえありません。なぜなら、食べ物の量が足りないだけでなく、質が悪いのです。たびたび母親たちは子どもたちを公立の病院へ連れていかなければなりませんが、たくさんの人が並んでいて、治療を受けるために一日中待たなければなりません。

私はとても運がよくて、スラムの近くにある学校に通っています。この学校はシスターポーリーヌ・ペルドゥローが描いたフレスコ画「感ずべき御母《おんはは》」の名前をいただいています。でも、私は授業の時間、教室で眠っています。なぜかと言うと、私の父は畜殺所で鶏の内臓を無料で譲り受け、皆でそれを下ごしらえし、フライにした物を売って、それで生計を立てているからです。

私たちは朝四時からそこへ行きます。私の役目は材料をきれいにすることです。最初のころはとても気分が悪くなりましたが、もう慣れました。それから家に帰って、家に水道はありませんが体を洗って学校に行きます。

学校で私はいろいろなことを習うために、できるだけ勉強します。しかし私が先生になって、生徒たちにアウグスティノのことを知らせるようになったら、私は彼らがそれを別の見方で見て、私たちがなぜこのように生きているかを、理解するようにしなければならないのです。そして、どんなことがあっても、私たちは希望を失わず、毎日勇敢に人生に立ち向かってきたということを」

もし天国のソフィアが手紙を書いたら……
今、あなたに語りかけるソフィアの言葉

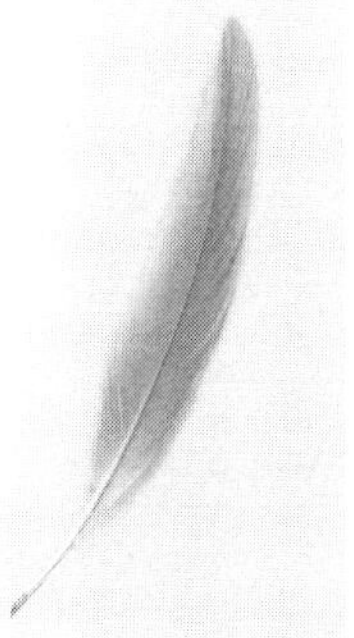

ある貧しい男が戸口に来て、タバコを買うお金がほしいと言ったと考えてください。その頼みごとは少し厚かましいと思った人がいて、次のような意見を言いました。

「タバコを吸いたいからお金を恵んでくださいと言うのはあんまりです、それはつまりは贅沢です」

もしかしたらタバコが彼にとっては余分なものではなく、必要な物で、そのうえ彼はそれが好きなのだとしたら……。また、その人は正直で食べ物を買うお金がほしいと言わずにタバコのお金だけを望んだのです。もちろん、誰もタバコを吸わないほうがよいのですが、彼にとって、それは本当に必要だったのでしょう。結局その男はタバコを買うお金をもらって立ち去りました。

この話は、周囲の人々とのかかわりで大変大切だと思われるあることを表しています。それは、他人を理解するために、その人の身になって考える能力です。そしてまた各人にとって真実は、「その人の真実」で、「唯一の真実」ではないという信念です。

二人の人が高い柵を挟んで両側に立っていると想像してください。一人の人が見ている柵の面は緑に、もう一人の人が見ている面は茶色に塗ってあります。二人がそれぞれこの柵は「緑だ」「茶色だ」と説得しようとしています。「私にはこのように見えます」とか「私の印象では」と言うほうが、「これはこうで他の見方はない」と言うよりもよいのです。

人は誰も真理を完全にはもっていません。各自は真理の一部をもっているだけですが、もしも私たちが、それぞれの小さなかけらを分かち合う気があるなら、皆でより完全な真理を共有することができます。

私は、あなたを誤魔化したいのではありません。そういう態度を保つのは決して容易なことではありません、そして私の生涯にたくさんの問題を招きました。なぜなら、人々をよく理解すればするほど、ときに私は決断力が足りないと非難されたのです。

しかしこのような生き方は、私が愛し愛されていると感じたたくさんの友人たちとのかかわりの秘密の一部分を形づくっています。もし私たちがお互いに、「彼があなたならどう感じるでしょう」という問いと関心を示したらなんと素晴らしいことでしょう。

祈るためのヒント

詩編はヘブライ語で「賛美の書」と呼ばれ、祈りを集めたものとして、何世紀にもわたってイスラエルの民によって編纂されてきました。

律法の書と預言書では神が私たちに語られるのに対し、詩編は、私たちが神をたたえ、懇願し、ゆるしを願い、嘆き、感謝して神に話しかけるのです。詩編は、次の三つの態度をもって祈ることができます。

・詩編作者の身になって、時代的には遠く離れていても経験においては近い現実の人の祈りに耳を傾けながら。
・イエスが唱えられたように詩編を聴くことができます。イエスがしばしば詩編を祈られたことは、間違いありません。
・詩編の中にあなた自身の人生、あなたの気持ち、多くの人々の気持ちを読み取って使うこともできます。

詩編八四番はソフィアのお気に入りの一つでした。また、詩編七三番は彼女の生き方を反映しています。

これらをゆっくり祈って心に響かせ、あなたの心にいちばん深く届いた句を繰り返してみましょう。

万軍の主よ、あなたのいますところは、どれほど愛されていることでしょう。
主の庭を慕って、わたしの魂は絶え入りそうです。
命の神に向かって、わたしの身も心も叫びます。
あなたの祭壇に、鳥は住みかを作り、つばめは巣をかけて、雛を置いています。

万軍の主、わたしの王、わたしの神よ。

いかに幸いなことでしょう、あなたの家に住むことができるなら、
まして、あなたを賛美することができるなら。

いかに幸いなことでしょう、あなたによって勇気を出し、心に広い道を見ている人は。

嘆きの谷を通るときも、そこを泉とするでしょう。雨も降り、祝福で覆ってくれるでしょう。

彼らはいよいよ力を増して進み、ついに、シオンで神にまみえるでしょう。

万軍の神、主よ、わたしの祈りを聞いてください。ヤコブの神よ、耳を傾けてください。

神よ、わたしたちが盾とする人をご覧になり、あなたが油注がれた人を顧みてください。

あなたの庭で過ごす一日は千日にまさる恵みです。

主に逆らう者の天幕で長らえるよりは、わたしの神の家の門口に立っているのを選びます。

主は太陽、盾。神は恵み、栄光。完全な道を歩く人に主は与え、
良いものを拒もうとはなさいません。

万軍の主よ、あなたに依り頼む人はいかに幸いなことでしょう。


（詩編84・2〜13）

あなたがわたしの右の手を取ってくださるので
常にわたしは御もとにとどまることができる。
あなたは御計らいに従ってわたしを導き
後には栄光のうちにわたしを取られるであろう。
地上であなたを愛していなければ
天で誰がわたしを助けてくれようか。
わたしの肉もわたしの心も朽ちるであろうが
神はとこしえにわたしの心の岩
わたしに与えられた分。
見よ、あなたを遠ざかる者は滅びる。御もとから迷い去る者をあなたは断たれる。
わたしは、神に近くあることを幸いとし、主なる神に避けどころを置く。
わたしは御業をことごとく語り伝えよう。

（詩編73・23〜28）

なぜ木の枝を切り落とすのか

私たちは皆、人生のどこかで、喪失の経験をする。例えば、愛する人の死、病気から来る限界、とても力を入れていたことの失敗、信頼していた人との関係の破綻……。

例えば、木が枝を切り落とされたときのことを考えてみよう。枝を切り落とされたばかりの木を最初に見たとき、その姿のみじめさに驚くことだろう。枝の美しさを保てば、夏の間ずっと日陰をつくっていけたかもしれない。その枝に巣をつくっていた鳥はどうなったのだろう。しかし、春になると新しい芽が出て、その木は確かに前よりもっと強くなり、新しい枝に小鳥が巣をかけるために戻って来るのを見るだろう。

ソフィアは幼いころ、ブドウの木を村人たちが剪定するのを初めて見たとき、何か感じたに違いない。しかし彼女は蔓《つる》に鉈《なた》を入れることは必要なのだと直ぐに理解した。なぜなら、死をもたらすように見える仕事が、神秘的に生命の突然の出現に変わることがあるからだ。

ソフィアの物語

ソフィアはつらい子ども時代を過ごしました。なぜなら、司祭であった兄のルイは、大変厳格な先生で、彼女の間違いを一つもゆるさなかったからです。ルイはソフィアを厳しく扱い、ほとんど休む暇もなく、絶えず勉強させました。

ソフィアが食事や睡眠のための時間を少なくすることを望み、非常にきつい時間割を課しました。ソフィアの学習計画から想像力や感受性を高揚させるようなものはすべて削除しました。友達と遊びに行くことをゆるさず、彼女を熱中させた文学作品には軽蔑をあらわにし、そして一度ならず、彼女がしていた針仕事を虚栄心を助長するものだと考えて、火に投げ入れました。

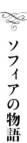

朝はとても早いミサに一緒に行かなければなりませんでしたが、ある日ソフィアが起きられずにいると、家の戸口で母親に、「ソフィアはどこですか」と聞いていました。ソフィアは毛布の下に隠れましたが、とても怖くなって、「私はここです」と叫んでベッドから飛び出しました。

若いころから、このようなことはソフィアを大変苦しめ、彼女はたびたび隠れて泣いていました。こういう出来事は何かの傷を残し、彼女を委縮させ臆病にしたかもしれません。大人になってからは、自信のなさと、恐れとに対してたくさん戦わなければなりませんでした。

ソフィアはその一生のいろいろなときに、未来に向かって一人で進まなければなりませんでした。苦悩に満ちた孤独なときを過ごしました。よい友人たちを失ったり、周囲の人々にわかってもらえないと感じたり、修道会の中で、また教会の一部からも批判を受けたことがありました。それらすべてをとおして、彼女は内的自由と人格的強さを培いました。

一つひとつの段階が、彼女の受けるべき喜びと苦しみをもたらしましたが、彼女はいつも、翌日まで持ちこたえられないと感じたようなときも、自分の人生に向き合う勇気をもっていました。彼女のエネルギーの源泉は、その深い信仰と祈りでした。そこで彼女は自分に対する不信感と、リーダーシップを取ることへの抵抗という暗闇から抜け出る勇気を得ました。

彼女の人並み優れた人間関係のお陰で、自分を、仲間たちにインスピレーションを与える源泉に変えました。そして大変な危機の年月が過ぎたときに、暗いトンネルは彼女の心を大きくする広いスペースとなり、彼女の心に新しい視野を開きました。彼女は古い束縛と恐れから解放され、神のイメージが愛情深い暖かい存在に変わりました。剪定が実りをもたらしました。

現代社会を見つめて

一九九八年、ペルーの首都、リマの駅で働く子どもの話です。

「シュッ、シュッ、シュッ……、残念、もう靴墨がなくなってしまいました。もう一箱買えるだけのお金を稼がなければなりません。

おじいちゃんの靴墨も、もう少ししか残っていません。かわいそうなおじいちゃん。あの年でまだ屈んで人の靴の泥を落としてきれいにしているのです。もう引退するはずなのに。でも、もし彼が仕事を辞めたら、私たちは月末にどうしたらいいかわかりません。

靴磨きはよい仕事ではありません。ほんのわずかしか稼げません。少しばかりのお金のために何時間も働いて、何の保障も、健康保険も恩給もまったく何もない、それが私の祖父です、かわいそうに。まして、この仕事は多くの人に役立つというものではなく、そのうえ人々に軽蔑されます。

私は別の仕事を見つけるために、毎晩勉強を続けています。私は祖父や母を助けたいと思っています。できるだけ勉強して、大人になったら先生になりたいと思っています」

靴磨きをしているのは幼い子どもたちで、広場や公園や駅でこの仕事をしています。学校に行く時間はありません。また、他の子どもたちは、信号機のあるところで一時停車をしている車を拭こうとしたり、通りでヒマワリやカボチャ等の種やキャラメルを売ったりしています。

二〇〇〇年のユニセフの世界の子どもに関する統計によると、世界に二十億人いる子どもの中で、二億五千万人が働き、その中の一億二千万人がフルタイム（一日八時間以上）で働き、九千万人以上が一週間に少なくとも六日働いています。彼らは、工場や、大農場や、炭坑や、性産業で、場合によっては五歳から働かされています。そして、一億二千万人の子どもたちは学校に行っていません。

パラグアイ、ブラジル、ペルー、メキシコ、ニカラグア、そして台湾では、シスターたちが学校に行かれない子どもたちの教育のプロジェクトで働いていました。例えば、パラグアイのアスンシオンでは、バスの発着がいちばん少ない時間にバスターミナルで男女の教師のグループとともに物売りや靴磨きの子どもたちを集めて一時間か二時間のクラスをしていました。いちばん大切なのは、彼らがいるところに出かけていって友達になることです。

もし天国のソフィアが手紙を書いたら……
今、あなたに語りかけるソフィアの言葉

若いころの剪定の時期を経て、私の中で何が開花したのでしょう。

まず初めに私は、ユーモアのセンスを養いました。自分の小さな問題から距離をおいて、たいしたことではないと笑って決着をつけました。

そしてまた、私が教育を受けたことの積極面を見ることを学びました。不思議なことに、そのような並はずれた要求は私を内的に強くし、過度の感じやすさに振り回されず、私の意志をもっと強く、そしてときにはもっと柔軟にし、謙虚になることを教えました。

これは自分が誰かより優れていると思わず、自分と他人の限界を受け入れるようになる心の態度です。そしてまた、他人のペースを敬意をもって忍耐強く受け止め、他人の攻撃性には、温和に、忍耐をもって、自分自身のことを過度に重要視しないということです。

もう一つ成長したことは、私を愛してくれて、私が自分のことをもっと愛するように助けてくれるような人たちを見つけることができたということです。二人のよい友人、ヴァラン

神父とファーブル神父は、信頼して委ね、私の恐れと重圧を後ろに捨て、帆を広げた小舟のように航海するよう、私に強く勧めました。

他の人たちが私を信頼していることを確認することは、私の自信を呼び覚まし、私がイエスの愛を受け入れ、その聖心《みこころ》の忠実に信頼し、常に愛され常にゆるされていることを知る勇気を与えました。そしてそのことは、安心感と喜びになり、私はそれ以来そのことをすべての人に伝えたいと思ってきました。あなたに私の大好きな言葉を贈ります。

勇気を出しなさい、信頼しなさい。

祈るためのヒント

人生において何か価値あることを達成しようと思うなら、根気と、決意と実践が必要であることを覚えておきましょう。それは次のように言い表せます。「やるに値する」、つまり、それは達成するために、努力をする価値が十分あるということです。祈りは価値のあることで、だからこそ戦い、訓練、困難の克服という側面があるのです。

あなたは多くの敵と戦わなければなりません。怠け心、無駄だと思う気持ち、気を散らすこと、決めた時間をそのために使う粘り強さの不足……あなたの祈りの木が多くの実を結ぶためには、たくさんの枝を切り落とさなければならないでしょう。

あなたがどこで、一日の中でいつ祈るかを、前もって計画しましょう。どこででも、いつでもよいのですが、でも同時に、大切なことは行き当たりばったりにしないように。私たちが何かをしようと本当に決めたら、私たちはそのために時間を見つけるようにするはずです。

時間を決めて終わりまで誠実に留まってください。後で、と誤魔化してやめてはいけません。今の数分の祈りのほうが空想の中の一時間より価値があります。

信仰の目で見ることを、恐れてはなりません。感じなくても、神はあなたとともにここにおられます。

あなたにとって何が助けになるか、自分自身を見てください。一人ひとりに祈るときの姿勢、場所、時間があるのです。自分にわかっている範囲で、誠実にしようと努めてください。しかし、何かのことで途中でやめても、あまり気にしないでください。戻って、あなたのリズムを取り戻してもう一度始めてください。

リュック一つと、もう少し

インドの小さな村の近くを、一人の旅人がゆっくりと歩いていた。粗末な服を着て、身の回りの物の入った一つの荷物を肩に担いで、サンダルを履いていた。突然後ろから男が追いついて、「石、石、石をください。夕べの夢で、愛の女神が、この村の近くで世界一美しい石を持った男に会えば、それを手に入れることができると言っていたので」と言った。「もしかしてこれのことかな」と旅人は荷物の中から巨大なダイヤモンドを取り出して言った。「今朝、道端で見つけたんだ、よかったら持っていらっしゃい、私はいらないので」

その男は、今まで見たこともないほど大きくて美しいダイヤモンドを、目がくらみそうになりながら、見とれていた。その輝きの中に、それがあったら手に入れることのできるすべての物を見ていた。金持ちになって、家を替えて、使用人がいて、永遠に若さを保つ不老の妙薬を買って……。彼は旅人の手からダイヤモンドを奪い取って、駆け出した。旅人は男が遠ざかっていくのを見ながら、道端の木陰に座り瞑想にふけった。夕方になり、その朝ダイヤモンドを奪っていったあの男が、旅人のほうに戻って来るのが見えた。手にあの高価な石を持って旅人に近づき、それを渡してこう言った。「お返しします。代わりに教えてください。あなたがこの石をあんなにやすやすと手放せた秘密を」

ほしい、集めたい、貯めたいという野望が、病的なまでにある私たちの世界では、自由で質素で、〝リュック一つともう少し〟だけで生きることのできる人に出会うことは、贈り物をもらうようなものだと言えるだろう。

ソフィアの物語

ソフィアがイタリアを旅していたときに、非常に質素な生活をしているクララ会のシスターたちのコミュニティーを知りました。ソフィアは、心を打たれ、そしてときに、彼女たちのような生き方を大変素晴らしいと思いました。パリに帰ってから、自分の戸棚を空にし、香部屋の戸棚と、食糧庫も整理してみると、たくさんの品物を詰めた箱がいっぱいになりました。

「でもマザー、何も残りません」、と一人のシスターが抵抗しました。

「それはかまいません、あのシスターたちのように清貧を生きることが私の魂の奥底からの望みですが、神さまは私がそれにふさわしくないと思っていらっしゃるのです」とソフィアは答えました。

創立当初を懐かしく思い出しながら、ソフィアが言いました。「お金がなかったので、欲もありませんでした。夜はどこでも隙間のあるところに身を縮めて、何の心配もなく満足して眠りました」

創立当初、最初の学校を開いたアミアンで、ソフィアたちは、ほんのわずかなもので生活し、心配事も重荷に感じることもありませんでした。同じ部屋で寝て、ベッドと皆で使うたった一つの椅子のほかは、何も家具がありませんでした。しかし、この地上で最も幸せな女性たちでした。ソフィアたちは小さなストーブを囲んで、肩を寄せ合って座り、一本のろうそくをつけてイエスのことを話したものでした。世界中でほかに何一つほしいとは思いませんでした。

子どもたちと一緒に食事をしましたが、食べ物は足りませんでした。そのうえ、子どもたちに最初に食べ物を取らせていました。子どもはかなり自己中心なのでソフィアたちにはパンだけしか残っていないこともありました。もしそれを、子どもたちを甘やかしていたというならば、それはたぶん、ソフィアたちが大変若かったうえに、どのように教育すればいいかあまり知らなかったからでしょう。

質素な生活と見栄を張らない生き方は、あらゆる生き方の中で、人を最も解放するものです。次のような出来事もありました。

あるとき、未熟な青いクルミを割っていたソフィアの手が、いくら洗ってもきれいにならず、真っ黒になってしまったことがありました。そこへ、司教が会いにいらっしゃったという知らせがありました。

「こんな手をした総長を見てなんと思われるかしら」と、誰かが言いました。

「黒い手袋をはめているとお思いになるでしょう」と笑って答えました。というのは、ソフィアにとって人がどう思うかなど本当にあまり重要ではなかったのです。

このような小さなお話しをするのは、少ない物でとても幸せに生きることができるという経験をあなたに伝え、そして逆に、多くの人が、人生で自己実現するためにはたくさんのお金といろいろな手段が必要だ、と思っているのは間違っているということを伝えるためです。

ソフィアの数多くの旅は、いつも乗り物や、宿の貧しさを経験するチャンスでした。彼女自らそれを上機嫌で思い出し、話していました。

「あるとき、崩壊寸前のような宿で御者たちと一緒に食事をし、その食事よりさらに哀れな部屋で寝ました。ネズミの一群が、私たちの部屋で集会をするためにやって来て、夜の闇の中で大騒ぎを起こしました」

現代社会を見つめて

ウガンダのリノのキャンプの、いちばん大きな木の陰から、笑い声と叫び声と呼び声とゲームで大騒ぎしているのが聞こえます。大きな子どもたちも走って、押し合いながらやって来て、地面に座っていました。彼らは、祖国の戦争から逃げてきたスーダン人の難民の子どもたちです。小さい子どもたちも来て、学校はほぼ満員です。

そこは、机も黒板も本も鉛筆もない、奇妙な学校です。先生たちの多くは急に集められた人たちですが、自分たちが前に習ったことを分かち合おうと志願した男女です。彼らは、ほとんど何の道具もなしに教えています。なぜなら、学用品の寄付は途中でどこかにいってしまい、届くことは期待できないからです。

遠くから、大勢の親たちがその光景を安堵の気持ちで眺めています。彼らの避難生活の最大の不安は、子どもたちによりよい生活の機会を与えることができないと思うことです。彼らはすべてを失いました。家、財産、国。しかしその才能と能力は失っていません。そして今は、希望があります、なぜなら、多くの困難にもかかわらず、証明書がもらえるという手の届く目標ができて、子どもたちの学校教育の状況が正常化されようとしているのが見えるからです。学校は子どもたちが避難と移住によるトラウマを克服できるように、秩序ある環境を提供しています。

それと同時に、自分たちの子どもの教育に積極的に参加できる喜びもあります。イエズス会の難民支援に協力している聖心会の二人のシスターたちは、テントを一つずつ回り、先生になれる親たちを勧誘しました。「なぜなら」、とシスターは言っています。「教育は、一人ひとりの中にある経験の豊かさを引き出すことから成り立っていますから」

そういうわけで、多くのシスターたちは、子どもたちが自分たちの民族の習慣や、伝統や、知識を失わないように、と協力を申し出ました。そしてそのことが、いつか故国に帰るという望みを生き生きと保っているのです。

コロンビアではパナマ運河の代替運河の建設が、東アンティオキアの何千人もの農民を移住させました。アリシア・メリサルデとアレッテ・ラトルレの二人のシスターは「帰還」という名のプログラムで移住者たちと働いていました。それは、共同体の教育のプロジェクトで、その中には土地の回復、民族の再建、歴史の回復、経済的補償、政府の責任の追及の、五つの目標が含まれています。オーストラリアとカナダとマルタでも、シスターたちが、難民、特に女性の難民のために働いていました。

不正義の根源を理解するための主要な養成を促進すること、明確な未来の開発を助ける教育的方策を促進すること、不正に苦しみ、変革のために戦う人々のための使徒的決意を活性化し、支援すること、シスターたちとその他の人々の間に、権利が侵害されている人々のためのネットワークをつくること。

これらは聖心会の正義と平和国際委員会が掲げる目標の中にも示されています。

もし天国のソフィアが手紙を書いたら……
今、あなたに語りかけるソフィアの言葉

人々に絶えず付きまとう情報は、常に幸福の約束の決まり文句を伝え、多くの人が、その誘いに引っ掛かって、出口のない迷路に入り、欲しい――買う――使う、という堂々巡りにはまってしまいます。もしお金を持っていないと、人間として認められないかのように思ってしまうのです。

しかし、お金では買えないものが非常にたくさんあるのです。真に大切なもの、人生に意味を与えるものは売っている物ではなく、少しずつゆっくり、一貫性と粘り強さをもって得

られるものなのです。

より多く持つ喜びに決して身を任せてはなりません、むしろそれを超えるのです。私はたくさんの若者が、ブランドから解放されて、着るものについてこだわらず、多くを持つ者ではなく、むしろ必要な物が少ないほうが幸せであるというメッセージを、聞く耳のある人に伝えているのを見て嬉しく思っています。

哲学を勉強していたときに知ったことですが、ソクラテスはアテネの通りを、「必要のない物がどんなにたくさんあることか、そして必要な物はなんと少ししかないことか」、と言いながら通っていったそうです。

あなたとお金の関係は、あなたの人生にどんな位置を占めていますか。あなたの財布に十分にお金があることが、あなたがそれを使うことを正当化すると思いますか。あなたは、あなたが思っているよりもっと近くにいるたくさんの人々が、資力がなく、あなたよりもっとお金を必要としているという状況と、お金を使うというあなたの行為に直面することができますか。

あなたの週ごとの、または月々の支出の予算の中に、他の人々と分かち合うための〝連帯の別枠〟をつくることができますか。こういうことをあれこれ考えるのは、窮屈になるのではなく、むしろ、自由になる道です。

祈るためのヒント

イエスは私たちに祈ることを教えてくださいます。

もし私たちが、〝重荷〟を捨てて、私たちのリュックを軽くしなければならなかったら、私たちの中にどんな祈りが残るでしょうか。ただ一つ、主の祈りです。そして、私たちのする十字架のしるし〝父と子と聖霊の御名によって〟は、私たちが洗礼によって教会に属するようになったことを、それが私たちに理解できなくても、そのときに受けた恵みであることを、思い出させます。

イエスが私たちに教えてくださった祈りを、ただ大急ぎで暗唱するのではなく、あなた自身の深いところから生まれたものとして祈りましょう。

「私たちの父よ」あなたに感謝します。イエスのお陰で私たちは孤児ではなく、世界の真ん中で迷子になった者ではなく、あなたが、あなたの家で私たちを待っていてくださることを知っているからです。

あなたに信頼し、あなたが私たちの父であり母であることを、私たちがあなたの手のひらに書き記されていることを、信じます。あなたの子どもとして、また、互いに兄弟姉妹として生きるよう助けてください。

世界中が、神を知り、父と呼ぶようになり、あなたの愛の、平和の、そして正義の御国が来ますように。

私たちが、豊かないのちの与え主である御父の御旨を、あなたのように行うことができますように。

「日ごとの糧をください」、皆が協力して、私たちの間で食糧、健康、教育、安全がすべての人に及ぶ世界にすることができますように。

「私たちの罪をおゆるしください、私たちも人をゆるします」、私たちが和解と、お互いをゆるす喜びを生きるよう助けてください。

あなたとともに悪と戦い、私たちの人間性を失わせるすべてと戦うことを約束したいのです。

友達皆のために

「人生の終わりに言われるでしょう。
生きていましたか？　愛していましたか？
そして私は、何も言わず、たくさんの名前の入った心を開くでしょう」
（ブラジル東北部の司教　ペトロ・カサルダリガ）

〝たくさんの名前の入った心〟をもちたくないような人が誰かいるだろうか。誰もいないだろう。それは、愛を疑ったことがなく、自分が本当に愛していると思って疑わないことを意味している。私たちが友を愛すれば愛するほど、心が広がり、もっと深くなる力をもつようになる。

「私は好きな友人たちがたくさんいて、私の心はもう満たされています。その中の多くの人は、長い間ご無沙汰すると、私が彼らを忘れたと思ってしまいます。私は愛するという役目に専念して、愛する人々を訪問するために、あちこち旅をしなければならなくなり、それしかできなくなってしまいます。ある人たちは、忘れられたと思っていますが、実は彼らは私の内的住まいを日々通り、長時間留まっているのです。たくさんの心の友が私とともにいて、励ましてくれます」

これは、フランスのベシエール神父の言葉で、ソフィアはこの言葉に共感していた。

ソフィアの物語

オクタヴィー、マルゲリート、ジュヌヴィエーヴ、オンリエット、テレーズ、エミリー、ユージェニーは、まだ海の物とも山の物ともわからない新しい冒険に取り組んだ、ソフィアの最初の仲間です。はっきりしていたのは、ソフィアたちは小さな世捨て人になろうとしているのではなく、自分たちの問題に閉じこもったり、些細なことに捕らわれたりせずに、むしろ統合された女性として、計算したり測ったりせずに献身することのできる女性になる、ということでした。

ソフィアたちはこのように存在し、生きることを〝もの惜しみしない心〟と呼びました。

そして、ソフィアたちの仕事の一つは裁縫をすることでしたから、次のような比喩を使って説明しました。〝もし神が品物のサンプルを一つほしいと言われたら、全部を差し上げる〟ということです。

アミアンの最初のコミュニティーには、強い友情の絆が感じられていました。その初期のころ、何も、誰も、その間の関係を乱したり、弱くしたりすることはできませんでした。夜になると、一日の労働で疲れた彼女たちは、台所の暖炉のところに集まり、まるでお風呂に入ってさっぱりしたような気持ちになりました。

しかし、友情の歴史は、すべてがバラ色だったのではありません。ソフィアは、ときどき何人かの人に対して、未熟なかかわり方のために嫉妬心を起こさせてしまいました。そして、ずっと後になって、問題に立ち向かうときに、それぞれ違う意見を主張し、無理解、非難、裏切りが生じ、ソフィアが最も忠実だと思っていた人々が、彼女を大変苦しめました。そして、同時にソフィア自身が知らないうちに、きっと彼女たちを苦しめていたのでしょう。

ソフィアは、自惚れていると思われるかも知れませんが、自分の最大の長所は友情に忠実であることだと認めていました。最も困難なときにも、いつも自分のほうから近づいて仲直りをしたい気持ちを伝えました。

また、ソフィアが愛していた人々に対しての批判は、ゆるしませんでした。このことが、ソフィアに困難な状況をもたらしました。なぜなら、自分の友人については真実を見ようとしないと非難されたのです。

パリの最初の聖心の校長だったユージェニー・ド・グラモンとソフィアとのかかわりの歴史は、ソフィア独特の友情の生き方を大変よく表しています。ソフィアの一生を通じて、その関係は、彼女にとってエネルギーのもとであったと同時に、数知れない問題のもとでもありました。

一方では、それはソフィアの愛する能力を豊かにし、育てましたが、他方では大きな苦しみの機会になりました。二人のそれぞれのそれまでの生き方、仕事、反応の仕方や職務を果たすやり方の違いが、彼女たちを引き離しました。ユージェニーはソフィアを支持しなくなり、ソフィアの悪口を言い、ソフィアを大層傷つけ、屈辱を与えるような決断をし、昔の友に逆らって権力をふるい、影響を及ぼしました。それにもかかわらず、ソフィアは生涯ユージェニーを弁護し、最後まで誠実でした。

ユージェニーの最後の病床でのソフィアの振る舞いを見ていた人々は、その細やかさと優しさに感嘆しました。病人を助け元気づけるために、その枕元に昼も夜もついていたのです。

ユージェニーは過去にソフィアに対してどのように振る舞ったかについて、絶えずゆるしを願っていました。そしてソフィアはすべてがゆるされ、忘れられているということと、彼女の友情と愛情を信じていたということを何度も繰り返していました。

現代社会を見つめて

「昼食の後で、男の人も女の人も、子どもたちも高齢者も、イスラム教徒もキリスト教徒も皆自分たちの問題や、喜びや夢を、それぞれ違う言語で話すために集まってきます」

今、以前にもましてこの和解のしるしが緊急に必要です。スペインの聖心会のシスターたちが（スペイン、アンダルシア地方の）アルメリアのある村につくった教育プロジェクトが人々に提供しているバンタバ（ようこそ、の意）はその例です。

農業用ハウスでの仕事は、ずっと以前から何千人ものモロッコやアフリカのサハラ南部の人々を引き寄せてきました。彼らはしばしば非人間的な条件のもとで生活を強いられ、積もり積もった欲求不満がときには犯罪の原因となり、一方ではそれが強い人種差別を生じさせています。これは貧困と差別の終わりのない連鎖です。バンタバは、まさにいのちが育つ和解の場を提供するために、始められました。

そこは、さまざまな活動のために開かれています。スペイン語のクラスには、一日の労働を終えてから多くの移民たちが通ってきます。彼らはそこで仲間に出会い、それぞれの言葉で心の中の思いや悩みや生活について語り合うことができます。午前中は女性たちのグループが集まり、情報交換や社会的助言の場ともなります。

土曜日の午前中そこはさまざまな人種の子どもたちのために開かれます。そこは子どもたちがグループとして同化し、違いというものを脅威としてではなく、豊かさとして見ることを学ぶのを助け、子どもたちの自由時間に社会性を育成するものです。彼らは、遊んだり手作業をしたりしながら、一緒に過ごします。何人かの子どもは、その作業場に九キロも歩いて来るのです。バンタバの夢は、一人ひとりの中のいちばんよいところを見つけて解放し、バラエティーが無限にある人々を無条件で愛し、彼らが形づくる深さと美しさを、芸術家の魂で発展させることです。

移住民にかかわる仕事で、互いに補い合う二つの方法があります。ベニグナ・ガランはスペイン人の聖心会のシスターですが、アフリカのサハラ南部からの移住民を受け入れるカリブという非政府機関（NGO）で丸一日働いていました。ベニグナは、マドリッドで、妊娠中の、または幼児のいる女性たちのために、何か仕事に就くまで必要なときを過ごす家を運営し、彼女たちと警察や病院に行き、書類を整え、仕事探しや子どもたちの学校探しに同行していました。

ドイツ人の聖心会シスターのコルネリア・ビュールは、ベルリンの大司教の顧問として移住者のための業務を行っています。彼女の仕事は、特に政治的側面をもっています。制限の厳しい外国人登録法のプロジェクトに対して圧力をかけ、キリスト教徒のグループをとおして新聞や雑誌に発表される世論の形成に影響を与えるのです。

もし天国のソフィアが手紙を書いたら……
今、あなたに語りかけるソフィアの言葉

あなたの友達について、話をしてくれませんか。いろいろなタイプやレベルの友達がいると思います。ブレーキをかける友達、支えてくれる友達、押しのけようとする友達もいると思います。

ある友達は、あなたを小さくしてしまいます。その人たちは、表面的な方法で楽しいときを過ごそうと招き、あなたの最良の夢を決して理解せず、あなたを生ぬるさと怠惰に招くかもしれません。

支えてくれる友達もいるでしょう。彼らは強く、物わかりがよく、状況の悪いときもそばにいていつもあなたを支持し、あなたの思いに耳を傾けます。さらに、あなたが真に望むよ

うな人になるためにあなたを後押しして、よりよい方向へあなたを引っぱり、刺激となり、あなたのそばに来て同じ方向に歩いてくれる友達もいるでしょう。

あなたの友情の体験を思い出してみましょう。友達があなたにもたらしてくれたこと、あなたが彼らにもたらしたと思うことについて考えてみましょう。

祈るためのヒント

アンドレスは毎日、仕事からの帰り道に、扉の開いていたある教会に入りました。祈りの言葉はほとんど何も知りませんでしたが、聖櫃のそばでイエスに言いました。

「イエスさま、アンドレスです」

それから彼は黙って数分間そこにいてから、立ち去りました。

ある日、アンドレスは大きな事故に遭い、何週間も入院してしまいました。退院が決まったとき、一人の看護師が言いました。

「アンドレス、どうしてあなたは、いつもそんなに満足そうにしているのですか」

彼は答えました、それは私を訪ねてくれる人のせいです、と。看護師は驚いて言いました。

「私はあなたのところに誰かが会いに来るのを見たことがありません」

「実は私も彼を見たことはありません。でも毎日夕方、彼はここにいて、私に声をかけてくれました。『アンドレス、私はイエスだよ……』」

祈ることを知らないと思っていたアンドレスは、祈りの達人でした。なぜなら、毎日まったく単純素朴にイエスに話していましたから。祈りは彼にとって、イエスとの友情を新たにするときでした。

「祈りは私たちをイエスに導き、その聖心《みこころ》に入らせます」とソフィアは言っていました。

祈りは単純なものです。「それは、私たちを愛していてくださると知っている方との、友情の交わりです」とアヴィラのテレジアは言っていました。

私たちの最初の友情の体験は、誰かが私たちを選んだということです。なぜなら、親や兄弟姉妹は〝そこにいます〟が、友達は〝あなたを選び、あなたがその人を選ぶ〟のです。

イエスはご自分の弟子たちに言われました。「あなたがたがわたしを選んだのではない。わたしがあなたがたを選んだ」(ヨハネ15・16)

そして福音書に見るように、ご自分のそばに置き、御父のことを話し、秘密を打ち明け、その使命を分かち合いたいと思う人たちを探し、呼ばれたのです。

イエスの前に行きましょう。そしてイエスの言葉を聞きましょう。

「ありのままのあなたを愛している。あなたの人生の喜びのときも、苦難の道に入るときも、私はいつもあなたとともにいる。あなたは決して一人ではない、私はあなたの傍らを歩む」

イエスの言葉が、あなたに深く入り、あなたに止まり、あなたを喜びで満たしますように。

感謝のリスト

私たちは、自分たちの過去のよいことに関しては感謝の中に思い出すように、そしてつらいことに関しては受け入れるか忘れるように分類する傾向がある。そしてその分類を一旦受け入れると、よい思い出を悪い思い出より多く、祝うことを悲しむことより多く集めるのが大切なのだと考えてしまう。しかしこのような考え方は、私たちの過去のすべてが私たちを感謝で満たす泉に変わるのを妨げる。

私たちは出来事を別の見方で見ることを学ぶ必要がある。〝感謝の決意〟をもって適切な方法で処理する必要がある。感謝は単純な感情ではないし、もちろん私たちがつくりだすことのできる態度でもない。それは、神が私たちをこの瞬間まで導き、そして未来に遣わしておられるという具体的な形で過去を見ようと決めた努力の賜物だ。そして、もし不便をチャンスとして考える習慣をもてば、それはもっと容易になる。

ソフィアの生涯は、楽なものではなかったが、彼女は過去の否定的な記憶から徐々に自分を解放し、それを感謝の光で読み直す心理的な、また霊的な智恵をもっていて、内的平和が日々増していったのだ。

ソフィアの物語

修道院創立当初の困難なときに、一通の無情な侮辱的な手紙が届きました。

「この修道女たちは、今すぐによい指導を受けて、人々がなんと悪い院長が統治していることかと話している、ひどい不安定な状態を止めるべきである」

ソフィアはユーモアと謙遜をもって言いました。

「少なくともこれは、私にふさわしい扱いです。感謝しなければ……」

あるときには、このような逸話も教えてくれました。

「私たちが新しいコミュニティーをつくりに行ったポワチエへの到着は、素晴らしいものでした。私たちは、上まで荷物を積みあげた荷馬車の前方に御者が帆布でつくったテントのようなところに、私たちの荷物とわずかな干し草で座席をつくりました。しかし、雨が降り出し、私たちがいたテントの屋根は、まるでザルのようになりました。上から下までずぶ濡れになって、ひどい有様だったに違いなく、馬に乗って通りかかった人が笑いだして、「かわいそうなシスターたち」と言いました。

そのときソフィアは「偉そうではなく貧しい格好で、ここに入っていく何とよいチャンスでしょう」と思ったそうです。ソフィアの仲間たちは、このソフィアの考えにあまり賛成していなかったようですが……。

またあるとき、一人の女学生が次のように言うのを聞いてソフィアはびっくりしたと語っています。

「私は誰にも何も感謝することはありません。もし、私の両親が私のために何かしても、それは彼らの義務だからです。そして、先生たちには、その仕事に対して対価を受け取っています」

これを聞いてソフィアは大きな悲しみを感じました。なぜならこの女学生は、自分で気づかないうちに喜びの道を閉ざし、苦しい孤独な人生を準備していたからです。

いつも人生の否定的面だけを見て、そのよい面を見つけるにはあまりにも視野が狭い人々がいます。反対に、あらゆることの中に感謝して生きる理由を見つけ、喜びを伝播させる人もいるでしょう。ソフィアは、感謝とユーモアのセンスを併せもつことを知っていました。

また、ソフィアにとって、ご聖体は生活の中心であり喜びでした。長い祈りの時間をご聖櫃の前で過ごし、そこでイエスの御父への、そして人々への愛で満たされていたと言っていました。心底からイエスに似たものになりたいという彼女の望みは、別の表現をすれば、イエスとの一致を生きたいということでした。彼女はいつも内的視線をイエスにだけ向けて、そこに留まることに強くひかれていました。ソフィアは自分のことを〝イエスの聖心《みこころ》の中に消えた礼拝者〟と言っていました。そしてこの自分を消してしまうことは、彼女にとって自分の小ささと無力さの真実をもって主の前に自分を置き、すべてそれらを後に残し、信頼して主の愛の大海に没入することを意味していました。

現代社会を見つめて

世界聖心同窓会（ＡＭＡＳＣ）は、多くの国とかかわりをもち、教会の奉仕のみならず、いろいろな社会事業にも貢献しています。例えば、マドリッドでは三つの高齢者ホームに献金し、サポートしています。

イネスは魅力的なお年寄りで、マドリッドでエレベーターのない大変粗末な家の四階に、一人で住んでいました。彼女は腰の骨を折って手術を受けなければならなかったので、二カ月近くを病院で過ごしました。高齢者施設が空くまで家に戻っていましたが、彼女の年金はとても少なくて、家の掃除や食事作りを誰かに頼んでお金を払うことはできません。そこで、ＡＭＡＳＣで、交代で彼女に手を貸し、そして、彼女があまり一人ぼっちにならないようにしていました。

ＡＭＡＳＣのメンバーの一人が証言しています。

「初めて私の当番だった日に、私は冷蔵庫の扉に感謝のリストと書いた紙が貼ってあるのに気がつきました。どういう意味かイネスに尋ねたとき、彼女は『これは私が悲しみに沈んでいないように、発明した方法です。私の生活の中にあるよいことをすべて数え直してリストに書くことを、私は神さまに約束しました。

それらはとても小さいことかもしれませんが、毎日増えています。私は友達のいることに感謝しています。なぜなら彼らは私を助けたり、私と話したりしに来てくれるし……。私の水道の蛇口からは水が出るし、部屋の窓からは日光が入るし、近所のカナリアのさえずりが聞こえるし……。私は自分で自分のことができたときそれを当然と思っていましたが、今はそれを見つけ感謝することを習おうとしています』と言いました」

もし天国のソフィアが手紙を書いたら……
今、あなたに語りかけるソフィアの言葉

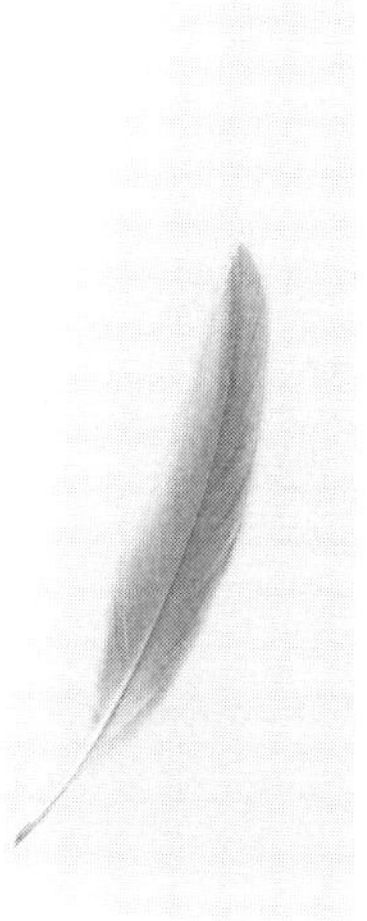

私が年を取ってから自分の人生を振り返ったとき、苦しいことがたくさんあり多くの問題があったことを否定することはできませんでしたが、それはすべてぼんやりとした遠いものになっていて、私の中に起こったのは大きな感謝の気持ちでした。聖心会の発展はどれも私の業績ではありませんでした。なぜなら、イエスが唯一の創立者であることが、いつも非常にはっきりしていたからです。私に無限の感謝の気持ちをもたらしたのは、イエスが私と私の知っていた一人ひとりの中で行っていてくださった働きで、そしてまた災難に思われたことが、たびたび恵みに変わったことを確認した驚きです。このことは、私の感謝の気持ちをふくらませ、私を喜びで満たしました。

日々の生活の中で、喜びにも不安にも、日常のことにも、非日常のことにも感謝するよう努めてください。光、太陽、空気、空、花、手足を使うことができること、呼吸したり、考えたり、見たり聞いたり……当たり前に思えることも含めて、あなたは常に起こる驚きに開

いていることができます。この態度は、あなたの人生と気持ちをいちばん変えることのできるものです。

しかしこの感謝は、あなたの自由な決定を前提としていて、よいことが起こるか、悪いことが起こるかによるものではありません。あなたの感情や気持ちが悲しみや怒りでいっぱいなときでも、感謝を選ぶことはできます。物事のよい面を探すという選択をすることも、あるいは、すべてに不平を言うという選択をすることもできます。

横目で見て責めたり、非難したりしたい気持ちがあっても、人や状況のよいところ、美しいところにもっと気づこうとするという選択をすることはできます。心の中では、怒りや恨みへ招く声が聞こえても、ゆるすことを選ぶことができます。不都合なことを、チャンスと見るという決心をすることができます。

祈るためのヒント

復活の後、御父のもとに昇るとき、イエスは私たちに〝ご自分のしるし〟を残されました。ご聖体と貧しい人々です。ご聖体は、イエスが友人たちとされた最後の晩餐の記念です。あの夜、イエスはご自身で分け与えるパンに〝自分自身がいる〟と示され、そしてまた、ぶどう酒の満ちた杯はご自分のいのちそのものであると言われ、それを最後の一滴まで流そうとされていました。今、ミサに行くというのは、イエスの記念として、イエス自身が行われたことを行うことです。私たち自身のいのちを御父にささげ、自分を他の人々のために渡すこと、他者のために懸命になることです。

聖体拝領には、自分を誰かと一致させるという意味もあります。それで、聖体拝領をするとき、私たちはイエスと一致し、そしてパンと福音がすべての人に届くようにという、世界に対するイエスの計画に賛成していることを表明しています。食卓をともにするということは、友情と和解の大きなしるしです。ですから、私たちは一生の間ずっと、日々の生き方でそれを伝えながら、和解しながら、関係をつくりながら、人々を愛しながら、分かち合いながら、生きるように努めましょう。

復活してご聖体の中におられるイエスの前で、黙ってあなたの小ささと貧しさのしるしに空の手を開いてみましょう。あなたの一生を、あなたに近づく一人ひとりすべての人のための開かれた食卓にして、あなたを内から主に似た者としてくださるようにお願いしましょう。

目をそらせないで

ユニセフの二〇〇〇年の統計によると、基礎的な教育を受けることのできていない二五％の子どもたちに必要な教育費は、六十億ドルと計算されている（アメリカ合衆国の中だけで年間八十億ドルが化粧品に支出されている）。

今、世界の全人口のために必要な飲料水の供給と下水設備の敷設にかかる費用の中、九十億ドルが不足しているといわれている（ヨーロッパとアメリカだけで、アイスクリームにかかる支出は年間百十億ドル）。

世界中の女性の出産にかかわる衛生費は、現在約百二十億ドル不足している（ヨーロッパとアメリカでの香水のための支出は年間百二十億ドル）。

健康と基礎的栄養に関しては、年間百三十億ドルかかる（アメリカとヨーロッパで、ペットの餌代は年間百七十億ドル、ヨーロッパでタバコのための支出は年間五百億ドル、ヨーロッパでアルコール飲料に千五十億ドル、世界の麻薬への支出は年間四千億ドル、世界の軍事費は七千八百億ドル）。

ソフィアは亡くなる少し前に次のように書いている。

「私たちはなんという時代に生きているのでしょう。私たちの目の前には二つの極端があります。一方では抑制のきかない贅沢と、他方では空腹で死ぬ何万人もの人々……。それらすべては、私たちに重くのしかかってきます」

ソフィアの物語

ソフィアが生涯贈り物だと言っていた、親しかった友達をあなたに紹介しましょう。

ジョルジーノは、ソフィアがイタリア旅行のときに乗った粗末な馬車の御者で、一風変わった男でした。ルイサは、彼女の牝牛を学校の敷地に連れて来て草を食べさせるようにと、ソフィアが説得した未亡人です。

アンリは、ソフィアからもらったお金で買った長靴を見せにある日やって来たおじいさんです。ホームレスのフェリックスは、最初に会ったとき以来、毎週タバコ一箱を密かにもらいに来ていました。なぜなら彼にとってそれが食事より必要だったのです。

アントワネットは物乞いで、ソフィアは彼女と一緒に長いこと庭のベンチ座って、彼女の手を自分の両手に挟んでいることのできる幸せを味わいました。なぜなら、彼女が最も必要としていたのは愛情だったからです。

退職した友達のグループには、ちょっとした仕事を探す手伝いをすることができました。例えば、修道院の庭から切った花を飾るとか。ミシェルはソフィアと同じ町から来た少年で、彼もパリが嫌いでしたが、ソフィアは彼が困難を克服するよう助けていました。

どうしても名前のわからない一人の労働者に、ソフィアは毎日こっそりと美味しいサンドイッチを届けました。彼が仲間に彼の憐れな食事を見られないようにと、食事の時間は隠れていたことに気がついたからです。

ソフィアは、大型の幌馬車に住んでいたロマの人たちや、ある日ソフィアたちの家に盗みに入った子どもたちの顔を思い出すと、喜びでいっぱいになりました。彼らは捕まり、皆は厳しい罰を与えたかったようですが、ソフィアは話せば彼らを味方にすることができると確信して（事実そのようになりました）、彼らのために学校をつくり、先生として、ソフィアのいちばんの友人の一人、テレサ・マユショーを与えました。

あるときソフィアは病気で食欲がまったくなくなってしまいました。おやつを持って行ったシスターは手つかずのお盆を下げなければならないことに、絶望的な気持ちになっていました。ところが、ある日を境にそれが空になるようになって、シスターはソフィアが食欲を回復したと思い、喜んでいました。

実は、ソフィアはおやつを籠に入れて、塀に沿って歩いて来る貧しい少年に紐で吊り降ろしていたのです。少年は毎日その場所を通って、おやつを分けてもらっていました。ソフィアの秘密はしばらく保たれ、二人は笑いを押し殺していましたが、それが見つかったとき、ソフィアはすでにその少年をミサの侍者にしていました。

またあるとき、伝染病が流行って、たくさんの人々が亡くなり、たくさんの子どもたちが親を亡くしました。ソフィアの反応は素早いものでした。

「学校にスペースがなくても、親を亡くした子どもたちのためにすぐに、新しい場所をつくりましょう」

ソフィアは、一人ひとりの名前と姿に、神の子としての尊厳を見ていました。彼らの外観からは隠れている美しさを見て喜ぶことができたのです。あるときソフィアに、「あなたは彼らを優遇しすぎる」と言う人がいました。それを聞いてソフィアは「優遇とはどういうことですか、私は貧しい人たちのために自分のいのちも差し出すでしょう」と言いました。

現代社会を見つめて

ある日本人の聖心会員のシスターが山谷の共同体にいたころ、彼女は部屋の窓の下に、路上に生活する大勢のアルコール依存者の一人が毎晩段ボールにくるまって寝ているのを知って眠れなくなったそうです。そこは東京の何百人ものアルコール依存の問題を抱える人がいる地域です。

そのコミュニティーのもう一人のシスターは、何年か前にアルコール依存からの回復を手助けする会に協力し始め、それ以来その人たちの多くがいるこの場所に来て住むことを願い出ました。この望みから一九九〇年、ここに共同体が生まれたのです。

ホームレスの男性たちが身の上話をするとき、苦しみの深みに向かってシスターはともに下りて行きます。

彼は、家族、妻と二人の息子と一緒に借家に住んでいました。しかし彼が働いていた多国籍企業が人員整理をし、彼はいくらかの補償金で放り出されました。そのとき彼は四十歳でしたが、その年では別の仕事を見つけるのは難しく、失業が彼にうつ病と飲酒をもたらし、それが家庭争議のもとになりました。

妻は二人の子どもを連れて別れ、まもなく彼は家賃を払い続けられなくなり、絶望的な、打ちのめされた人のようになって、路上に住み着きました。地獄のような悪循環から抜け出すことができなくて、もっと飲み、さらに悪くなり、もっと飲み、さらに悪くなり……。

シスターは、彼とたびたび話をしました。そしてある日、思い切ってＡＡの会（アルコール中毒患者救済協会）に参加することを提案しました。

彼は久しぶりに、誰も彼を軽蔑したり裁いたりしないグループに自分がいるのを感じました。そこにいたのは、彼のような人たちで、アルコール依存症であることを隠していませんでした。お互いが、「今日だけは、私は素面《しらふ》でいます……」という約束を支え合います。彼と一緒に彼の決心を支える人たちがいると知っているのです。

山谷の共同体は二〇一五年に閉鎖しました。しかし、その後も、聖心の学校の卒業生、保護者、生徒によりバザーや炊き出しのボランティアが続いています。

「世界の窮乏の緊急性と、地域の教会の呼びかけは、私たちに創造的な応答を求めています。私たちが派遣されたところで、貧しい人々の叫びに応えて、正義と平和の世界を築く渇きに駆り立てられます」（聖心会会憲より）

もし天国のソフィアが手紙を書いたら……
今、あなたに語りかけるソフィアの言葉

私はあなたが貧しい人々の鼓動を聞き、あなたの忙しさ、退屈、不満などの下に隠れているよい感情に耳を傾けられるように、助けてあげたいのです。

あなたが、考えることにうんざりし、人生のつらい面に対してアレルギーを起こしていて、大切なのは勉強や家族や友達や将来だけだと言っていることに、私は恐れを感じています。また、不正義や飢餓や外的負債は、あなたには解決できない問題で、それを解決しなければならないのは政府なのだとあなたが考えているなら、私はそれにも恐れを感じます。

あなたの勉強するところのそばにも、あなたが気晴らしをするところのそばにも、あなたの生活の場のそばにも、彼らはいます。あなたは彼らに知らん顔はできません。

主はカインにお尋ねになりました、「お前の弟アベルは、どこにいるのか」。そこでカインは「知りません。わたしは弟の番人でしょうか」（創世記4・9）と言いました。カインは逃げようとしたのです。そして、あなたも私も、皆そうなのです。

欠けていることの第一は、見方を習うことです。人の何を最初に見るか考えてください。

その外観ですか、服装ですか、目つきですか。汚い人、身なりの悪い人、施しを求めている人……、または、肌の色が違い、言葉の違う移民に会ったら不快に思いますか。

彼らの苦しい顔つき、恐れや悲しみの表情、それらの気持ちのすべてが委縮した仕草や、疲れた足、疲労や苦しみで曲がった肩、弱々しくふらつく足取りに表れているのを見てどう反応しますか。痩せこけた子ども、自然災害や戦争で打ちのめされた人々を見ないように、テレビのスイッチを切りたいですか。

彼らから目をそらせてはいけません。もしあなたが真に人間らしくありたいなら、そしてもちろんキリスト者でありたいなら、それがいちばん大切なことです。よいサマリア人の例えのように、思い切って見て、心を揺り動かされ、あなたの足が彼らに近づき、手が差し伸べられるように。本当に、あなたは与えるよりも、もっとずっと多くを受けることになるでしょう。

祈るためのヒント

私たちがイエスの近くにいるときは、いつも人々の近くにいます。そして、私たちが心の中に特別に気にかかる人々がいるときは、その人たちをイエスに委ねて、イエスがその人たちを愛し、その人たちを誰よりもよく世話をしてくださることを確信して、私たちもその人たちを迎え入れましょう。

祈りに行くときは、決して一人で行ってはいけません。その日に出会った人々や、テレビの画面やラジオの放送や雑誌で出会った人々の顔が、私たちと一緒に行くのです。福音書のほかに、そのような人々に神の顔がもっとはっきり映っているのです。

例えば、アルコール依存症や薬物依存症で苦しみ、心底では好きでない何かに捉えられているように見える人々の中に、また他の生き方を渇望している人や、一人暮らしの高齢者、ホームで孤独な高齢者、慢性の病気で病院にいる人、体が不自由で外出できない人、失業者、受刑者、自分の文化の外で生きることを強制されて身分を示すしるしもない人、祖国を失った人の中に、神の顔があるのです。

彼らのために祈るとき、あなたの祈りは、神の心の共感と憐れみを伝えることなのです。このような形の祈りを教会では取り次ぎの祈りと言っています。

あなたが、思いやり深くなり、他の人々の身に起こることにもっと繋がりをもつことができるようになれば、神の印をもっと発見し、新しい祈りの形に出会うでしょう。そして祈りが、自分の心から引き出した糸で愛をこめて布地をつくることに似ていることがわかるでしょう。私たちの愛する人々が、その布地を使うようになると確信して。

心の中への旅

私たちは皆「心の赴くままに」、「心の底から愛する」、「優しい心のもち主」、「物事の中心にいる」などの表現をよく使う。このように話すとき、実は私たちは人格の中心に言及している。それは、私たちが本当にほかの人とは違う存在であることの核で、心の奥底の、私たちの望み、好み、決定の中心をついている。心について語ることは、真実性について語ること、私たちが自分自身でいることをゆるす究極の一貫性について語ることだ。

「大切なことは目には見えない、心でしか見えないんだ」とサン・テグジュペリの『星の王子様』に出てくる小さな王子は言った。しかし、たくさんの人々は、自分の人生の周りを意味もなくあちらこちら探し、半分眠りながら生き、彼らには大切に思えるけれども、実際は彼らを虚しい気持ちにするようなことを、気づかずにやっている。それはまるで自分自身の内面と繋がりがなく、空洞のように生きているようなものなのだ。

「誰にとっても、いちばん長い旅は、自分自身の内面に向かう旅です」、と第二代国連総長ダグ・ハマーショルドは言った。そして思い切ってその旅を始めた人たちは、彼らの行った驚くべき発見について語っている。ソフィアはその一人だった。彼女に聴いてみよう。

ソフィアの物語

ソフィアは、若いころ、恥ずかしがりで内気でした。ソフィアは自分の内面に過度に集中して生きていたので、友人たちは、彼女が周囲で何が起こっているかにあまり気を使っていないと思っていました。アミアンのコミュニティーでは共同生活の最初のころ、院長はソフィアが二言も続けて話すことができないと思っていました。

ソフィアは生涯たくさんの、外へ向かう旅をしなければなりませんでしたが、だからと言って、自分の心と向き合うことに問題を感じて困ったことは、一度もありませんでした。ソフィアはそれを、空中に投げられた小石が重力によってすぐに地面に引き寄せられることに例えます。

私たちの存在の最も深いところにおられる神に出会う、そこに注意を払っているこの習慣をソフィアは〝内的生活〟と呼び、いつも修道会の若い人たちに、また聖心の大家族全体に、これを典型的な特徴として教えようとしてきました。

次の二つの逸話は、ソフィアの心の内がどのようであったかを表しています。心の奥深くで神に出会うには〝時〟が必要でしたが、実は、人生の半ばでソフィアはそのしるしを見つけることを知っていたのです。

ソフィアがヴァラン神父と一緒に会憲を書いていたときのことを、彼らと一緒にいた神父の友人のフェルナンドが話しました。

「ある晩、九月の終わりで八時にはもう真っ暗でした。皆は夕食のために集まっていましたが、全員が揃うまでは始められませんでした。

ソフィアがいません。どこでしょうか。家の女主人が答えを知っていました。『フェルナンド、ランプを持って、教会に行ってください。彼女はきっとそこにいます、しっかり探してください』

私はランプを持って教会に行きました。そこでベンチの端に、深い祈りに沈潜した彼女がいました」

それから何年か後のことです。貧しい身なりの子どもたちが修道院にやって来ました。受付係は、彼らを中に入れてしまっていいものかどうかためらっていました。そこを通りかかったソフィアは、ドアをいっぱいに開け、彼らとおしゃべりし、彼らの話に笑い、おやつを出しました。そして後で受付係に言いました。

「知っていますか、主が彼らを私たちのところに送られたのです。そして、彼らの破れた服は、主であることを知らせる合言葉のようなものです」

現代社会を見つめて

スペインのある高校教師の話です。

「私の人生の変化は、イタリアで当時流行っていた『今日は起きられない』という歌がきっかけで始まりました。

私はマドリッドの高校の体育の教師でしたが、実のところ、この歌のような状態が続いていました。そのとき私は人生の〝ゼロ地点〟にいて、世界のどこかに自分の居場所を探していました。ある日もう一度その歌を聞いたとき、突然私は、人生に満足も意味もないことにうんざりして、起きたくない状態が長い間続いていることを自覚しました。

この状態には、はっきりした理由がありません。なぜなら私には、健康、お金（または少なくとも仕事）、愛という三つの幸福を与える物が揃っていました。しかし、私の空虚な内面にはブラックホールがあって、しかも大きくなってきていました。

決定をする力がどこから湧いたのかわかりませんが、私の落ち着かない気持ちを共有していた婚約者を説得して、一年間の休職を願い、私たちの貯金を合わせて二人にとっては精神的価値のシンボルであるインドへ向かいました。リシケシというヒマラヤ山脈から遠くないヒンズー教の瞑想センターでヴァンダナという人に会いました。彼女は、深い目つきをした女性で、オレンジ色のサリーをまとっていて、驚いたことにはカトリックの修道女だったのです。

一カ月たたないうちに私たちは、表現するのが難しい心の中に向かう旅を始めました。ヴァンダナは非常に秀でたガイドでした。彼女は、厳しい道を同伴することを知っていました、質素な食事、快適さのないこと、早起き……、しかし何にもまして、鈍く注意力散漫な心を目覚めさせていることに長い時間をささげなければならないことを。

彼女は、私たちの体の感覚と知性と感情を和解させ、自分が宇宙の一部であると感じるように手ほどきしてくれました。私たちが神に至る固有の道を探すのを助け、私たちのキリスト教徒としての伝統の根源を見つけ出すよう励ましてくれました。私たちは二人とも洗礼を受けていて、漠然と信者でしたが、宗教的勤めからはまったく遠ざかっていたのです。

そして奇跡が起こりました。キリストは私たちに道、真理、いのちとして、ご自分を現してくださいました。そして、失われ渇いていた人生の長い巡礼は、生きた泉の中心に帰り着きました。

　今私たちは、再びスペインにいて、私たちの探求を続けています。私たちはまだ結婚するのか、どちらかが、または二人とも修道生活を選ぶか、あるいは第三世界に行くかわかりません。私がわかっているのは、もう私は起きることができるということです。そして、私を神に導く道具として神が使われたヴァンダナに深く感謝しています」


　ヴァンダナはインドの聖心会員で、キリスト教を土着させることに深い影響を与えました。一九七八年に彼女によって創設されたキリスト教のアシュラム（隠遁者の庵）で、彼女はヒンズー教のすべての豊かさを取り入れて祈ることを学びます。西洋の霊性の渇きにアジアが提供できる大きな贈り物の一つは、その神秘的次元の宝です。

　何千キロも遠くの、モスクワの聖心会のコミュニティーは、祈りの場と、ロシア正教会の信徒と超宗派で対話をする場を提供しています。共産主義の教育は、家族、国家、宗教の根を断ち、価値観の大きな危機を招きました。ロシアだけでなく、ハンガリーでも、聖心会のコミュニティーは、開放と普遍性のしるしとなり、人生の意味を与える生きた信仰を求めているたくさんの人々の望みに答えようと、努めています。

もし天国のソフィアが手紙を書いたら……
今、あなたに語りかけるソフィアの言葉

私は、人々が大部分の時間を夢遊病者のように生きているという印象をもっています。行ったり来たりし、たくさんのことをしますが、観賞するために、愛するために、または、ただ驚嘆するためにふと立ち止まることを知りません。

もし自分の心の奥底の感情と望みに気づかなければ、どうやってそれを他の人々と分かち合うことができますか。自分自身の最も真実なところ、最も深いところに至る道を失ったら、どのようにして自分の探求心、夢、計画、好み、喜び、希望の豊かさを楽しむのでしょうか。

いずれにしても、私は、一人ひとりに中に隠れた泉があり、そしてほとんどいつも、泥を少し、または石をいくつか取り除くだけで、澄んだ清潔な水が湧き出し始めると信じ続けます。

外見で満足せず、あなたの中心に旅する時間と場所をお探しなさい。ほかの方たちに、それに取りかかる助けを願いなさい。神はあなたの心の奥底で、あなたの人生に意味を与える唯一のものを示そうと、あなたを待っておられます。それは、ほかの人々を愛するように努め、あなたに目的を与える何かを生み出すことなのです。

祈るためのヒント

心でしか見えないものをよいと思うためには、祈りが必要です。

星は日中には見えませんが、だから存在しないということではありません。現実の中に神が透けて見えますが、その存在がわかるには、目覚めて待ち構えていなければなりません。

羊飼いたちが、馬小屋を訪れる場面で、ルカ福音書は次のように述べています。

「マリアはこれらの出来事をすべて心に納めて、思い巡らしていた」（ルカ2・19）

そして、日々自分の心を意識しながら生きることをいちばんあなたに教えることができ、神がどのようにあなたの道の同伴者であるか、どのように神の霊があなたを導こうとしているかを説明できるのは、マリアです。

・一日の終わりに、静かな場所を探しましょう。あなたの体と精神を静め、いつもあなたと一緒におられる主の現存に気づくよう助けてくださるマリアのそばに行きましょう。

・別の見方であなたの人生を見るヒントをくださるよう、マリアにお願いしましょう。あなたの想像力を使って、ある一日をもう一度生き振り返ってみます。あなたは何をしましたか、誰と一緒にいましたか、どんな特別なときがあなたの記憶の中に生きていますか。何があなたに平和を、喜びを、楽しさを与えましたか。なぜそのような気持ちになったのでしょうか。その原因は何でしたか。何があなたを他の人々や自分自身との間に隔たりをつくったり、また不快にしたりしましたか。

神があなたを愛しておられること、あなたとともに歩み、決して見捨てられないという信頼を新たにしましょう。あなたがどんなに矛盾だらけでも、あなたは神の優しさに包まれています。マリアとともにマグニフィカト（ルカ1・46～56）を祈って一日を終わってみるとよいかもしれません。

境界線を越えて

次の祈りは、私たちの国境《くにざかい》のずっと向こうにいるアメリカ原住民ポトワトミ族の女性の一団が、彼女たちに出会うために境界線をいくつも越えてやって来てくれたフィリピン・デュシェーンの死去に際して送った言葉である。彼らがフィリピンに対して抱いた気持ちを的確に表現している。

偉大なる霊よ、私たちの偉大な女性があなたのもとに行きました、急いで行きました。
彼女の魂を慰め、彼女の行く道を守ってください。
彼女があなたの家に帰ることを、草原と丘が囁きますように。
ミシシッピーの水の流れが、あなたのもとへの帰還を歌いますように。

今朝、あなたの色彩が四方八方のたくさんの花に広がりますように、
そして彼女に敬意を表して一斉に開花しますように。
小鳥がその大きな力で浮かび、私たちの心の中の一つひとつの気持ちに合わせて
そのすべてのさえずりを繰り返しますように。

私たちは悲しいのです、彼女は私たちの姉妹でした。

そして同時に、私たちは嬉しいのです。彼女はあなたの娘でした。

私たちは悲嘆にくれています。

何マイルもの距離が、もう一度彼女の肩にショールをかけることを妨げているので。

彼女は私たちから機織りの仕方を習い、私たちは彼女の顔を見ながら、祈ることを習いました。

太陽が彼女の優しさを輝かせ、そして今夜は、月が私たちをこのテント小屋であなたの前で祈って過ごしたときの思い出で満たしてくれますように。

私たちの村は、一晩中お通夜に残ります。

族長は彼女のために明日まで断食を命じるでしょう。

彼女の物だったテント小屋で祈りましょう、この大地の二つの民族のために、

そして私たちに残された地図上のすべての場所のために。
すべての物の造り主よ、彼女のための私たちの祈りを聴いてください、
私たちの子どもたちのため、この草原のため、
木々と川と遠い山々のための祈りを聴いてください、
そして私たちの涙を集めるこの小川のための祈りを。
私たちの子どもたちのために、あなたに願うことを聞き入れてください。
彼らが彼女から教えられたことをいつまでも覚えていますように、
そして、最も偉大な女性として彼女の名が、長く言い伝えられますように。

ソフィアの物語

ソフィアはどのようにしてフィリピン・デュシェーンと知り合ったのでしょう。ある人がソフィアに次のように言いました。

「たとえ彼女が世界の果てに一人でいたとしても、あなたはそこまで行って彼女に会わなければなりません」

それでソフィアは、彼女のいたフランス南東部のグルノーブルにある観想会の荒れ果てた

修道院に行こうと決めました。それまで禁域の修道院を訪問したことがなかったソフィアは、どうすればよいのか尋ねましたが、「行きなさい、そうしたらわかります」と言われたのです。

到着して、湿っぽく薄暗い廊下を歩いていると、いきなり一人の修道女が走って来て、床に身を投げ出し、預言者イザヤの「いかに美しいことか、山々を行き巡り、良い知らせを伝える者の足は」（イザヤ52・7）という句を繰り返しながら、ソフィアの足に接吻しました。

ソフィアは石のように固まってしまい、何を言ったらよいのか、何をしたらよいのかわかりませんでした。これがソフィアとフィリピンの最初の出会いで、一生続いた彼女たちの友情の始まりでした。

フィリピンは最初から、イエス・キリストを知らないどこかの国へ福音を告げに行きたいという熱い望みを、ソフィアと分かち合っていました。

「私はそこで何か役に立つことができなくても、私の望みと祈りで、どうにかして主にお仕えしましょう。主だけが私の財産になるのです」

フィリピンはその夢を実現することができましたが、アメリカに着いたとき、そこに待っていたのは非常に困難な生活で、最後にやっと原住民たちの中に入って住むことができたときは、彼女の人生の旅路は終わりに手が届いていました。

フィリピンがポトワトミ族のところへ行って生活する夢を実現したとき、彼女は八十歳でした。部族の全員が彼女を出迎え、族長は歓迎のスピーチをしました（それは彼女にはわかりませんでしたが）、そして、女性たちは彼女を抱擁しました。

彼らは二つの小屋を彼女に贈りました。一つはコミュニティーのため、もう一つはお聖堂で、ご聖体がありました。フィリピンはそこで長い時間祈りました。インディオの子どもたちが後ろから近づいて、フィリピンの修道服の上に紙片を置きました。それは朝まで同じところにありました。彼女は一晩中じっと祈っていたのです。

フィリピンは彼らの言葉を覚えることができず、彼らと話すことはできませんでした。それは、彼女が受け入れなければならなかった多くの敗北の中の一つでした。しかし、彼らは愛と献身という彼女のもう一つの言語をよく理解しました。彼らは彼女のことを「いつも祈っている婦人」と呼び、彼女は本当にそうでした。彼女の全人生は一つの祈りでした。本人は気づいていませんでしたが、大きな収穫のあった人生でした。彼女は死んで多くの実を結ぶ一粒の麦でした。

ソフィアはいつも、大胆で犠牲的精神に富んでいて、どんな境界線も越えていける人に対して、特別な共感をもっていました。そして少し難しい性格でも、力とエネルギーをもつ人を、何倍も好んでいました。

現代社会を見つめて

私たちにはしばしば、すでに歩いた道で満足し、それ以上成長を望まず、疲れることを避け、そこに止まり、それ以上は行かないとか、行く必要がないと考える誘惑があります。スイッチを切ってしまうと、人生が提供し続けている豊かさに自分を閉ざしてしまうのです。坂を上り始め、越えるのが難しく思われる障壁にぶつかったとき、後戻りする道に向かう人がいます。しかし、前進し続ける人、まだ知らない何かに出会いに行こうと決める人は、学び、成長し、建設し、創り出すタイプです。

エリザベス・アマランテはブラジル人の聖心会のシスターで、一九七〇年ごろから二十年以上アマゾンの熱帯雨林の真ん中のミキ族の集落に住みました。

彼女はインディオの血筋で、小さいころからこの絶滅に瀕した部族に、特別な魅力を感じていたのです。ほかの宣教師たちと一緒に、環境保護と民族文化の尊重に活発に活動する先住民宣教会議というグループを立ち上げました。まもなく彼女は、ミキ族の人々の間に生活して、隠れた観想的な生活をする強い呼びかけを感じました。管区コミュニティーとの何年かの熟考を経て、彼女は夢を実現する派遣を受けました。初めにミキ族と同じ言葉をもつイランチェ族と生活し、そのずっと後で、当時人口二十人のこのミキ族の集落に移りました。

二十年の間に人口は三倍以上になりました。困難のある中でも、少しずつ彼らの言葉を覚え、彼らの慣習と考え方に親しみ、彼らの価値観を知り、愛し、彼らの主食であるマンジョーカ芋を植えたり、地面の小さな火の上で料理をすることを習い、彼らの食物や衣服にも順応しました。彼女はプライベートな空間がないこと、何も蓄えずすべてを分かち合うことにも慣れました。彼らの集会に参加し、彼らにとって特別な意味のあるときには彼らと一緒に過ごしました。彼らが彼女の共同体であり家族なのです。

シスター　エリザベスの果たした大きな貢献の一つは、ミキ語の辞書と文法書を著したことでした。しかし彼女は次のように思っています。

「彼らと何年も一緒に生活して彼らの物語を聞き、踊りを見て、彼らとともに働き、分かち合ってきたことをとおして、彼らはその生活の小さなことを楽しみ、土地を大切にし、霊に向かって絶え間なく祈る能力の幾分かを私に伝えてくれたのです」

パラグアイにいる聖心会のシスター　マーゴット・ブレマーは、ドイツ生まれの神学者です。彼女は、ラテンアメリカに何年も住んで、グアラニ族の文化的ルーツを神学のレベルで掘り下げました。エジプトのシスター　ホダ・フォウアドは砂漠の教父の研究をとおしてコプト教会と西方教会の霊性の関連性を学びました。同様に日本にも、キリスト教と東洋の陰陽の霊性との関係を探求したシスターがいました。

チャドでは、聖心会の学校はすべての宗教の生徒に開かれています。全生徒の四〇パーセントのイスラム教徒を受け入れており、青少年も大人も、それぞれの信仰を尊重し、自由に表して共生することを学ぶ対話の場をもつよう促しています。

これらの聖心会員の新しい共同体の特徴は、異なる文化の中に入り、人々から習い、互恵的な教育の仕事を実現していることです。

もし天国のソフィアが手紙を書いたら……
今、あなたに語りかけるソフィアの言葉

私は困難と変化の時代に生きるめぐり合わせでした。そうでない時代があるでしょうか？

そしてフィリピン・デュシェーンが越えなければならなかったのとは違う別の境界を越える危険を冒さなければなりませんでした。その一つは、人々、特に司教と司祭が慣れ親しんでいた修道女の概念でした。

〝修道女である〟とは、修道院で隠遁生活を送り、格子があって、教会で何時間も一緒に歌

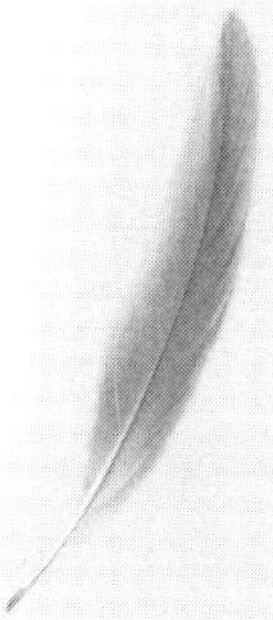

い、いつも聖職者の権威に依存していること……。しかし私は別の形の修道生活を夢見ていました。当時は男女共学は考えられませんでしたが、もっとずっと開かれていて、人々ともっとかかわりがあって、女の子たちや若い女性たちと一緒にいて、彼女たちが真の人格に育つこと、イエスを知り、他の人のために何かをするように成長することを助けるような生活です。さらに私は、沈黙の中で深く祈るような祈りを好んでいました。そういう祈りのほうがイエスの心情に入り、その聖心《みこころ》の愛をいただいて、そこに留まることを助けると思います。

このような生き方を考案することは、たくさんの問題と批判を生みます。

「彼女たちはどういう種類の修道者なのか、禁域もなく、祈りの共唱もせず、同じ修道院に定住しないで。なぜ、自分たちで決定をするのか、なぜ学問をするのか、なぜ人々と多くのかかわりをもつのか、なぜもっと永続性のある厳しい規則をもたないのか」

私は忍耐強く答えていました。

「時代は変わり、私たちはそれとともに変わらなければなりません」

柔軟性は、いつも大きな価値であり、定着している状況を離れ、現実の別の面を探索するために新しい経験をする能力も大切だと思います。

私はあなたが世界の果てまで眼差しを広げることができる人になるように願っています。

フィリピン・デュシェーンは多くの敗北を経験しましたが、アメリカの福音宣教の先駆者の一人として、私たちの記憶に名を残しました。成功よりも、行動の質をより大切にすることを、彼女から学んでください。心をこめて行うことはそれだけで価値があり、周囲の人々が認めるかどうかには関係ありません。

何かの失敗を受け入れなければならなかった経験があったら、私に教えてください。フィリピンは失敗の名人でしたから、あなたを助けてくださるように、一緒に祈りましょう。

祈るためのヒント

たぶんあなたは、どうしたら神の呼びかけを聞くことができるのか自分自身に尋ねたことがあるでしょう。そしてあなたは、それが大変難しいことだと考えたでしょう。フィリピン・デュシェーンが何時間も祈りの時間を過ごしていたと聞いたときには、その間、彼女は何をしていたのか、どのように神と話していたのか、退屈ではなかったのかと好奇心をそそられたでしょう。

答えは、彼女が神に話すのではなく、むしろ神に耳を傾けることが大切だと知っていたので、沈黙の中で祈りの戸口を見つけていたのです。沈黙するということは、見る力、聴く力、思考力をもって、心を一つのことに、または誰かに向けることなのです。ですから、祈りを始めるには、神があなたの心に話そうとしてあなたを待っておられるという信仰と信頼をもって心を整えることが必要です。

神は私たちにラブレターを送ってくださいました。それが聖書です。御子イエスをとおして私たちに語られ、そのイエスが私たちに神に聴き、神を父と呼ぶことを教えられました。

次のイエスの言葉を読み、一つひとつをあなたの心の奥底に響かせ、理解を深め、味わいましょう。もし一つの言葉があなたを引きつけたら、その言葉だけを思い、呼吸に合わせて何度か繰り返しましょう。

・わたしは良い羊飼いである。良い羊飼いは羊のために命を捨てる。（ヨハネ10・11）
・神の国はあなたがたの間にあるのだ。（ルカ17・21）
・幸いなのは神の言葉を聞き、それを守る人である。（ルカ11・28）
・わたしは世の光である。わたしに従う者は暗闇の中を歩かず、命の光を持つ。（ヨハネ8・12）
・心の清い人々は、幸いである、その人たちは神を見る。（マタイ5・8）
・わたしは道であり、真理であり、命である。（ヨハネ14・6）

喜びのしるし

福音に由来するゆるしや奉仕など、キリスト者を見分けるたくさんのしるしの中で、私たちを特徴づける特に重要なしるしは喜びである。私たちの人生には、多くの苦しみがあり、そのうえ人々が戦争、虐待、飢餓で苦しんでいる中で、喜ぶことなどできるはずがないと感じている人もいるだろう。しかし、喜びの反対は苦しみではなく、悲しみであることを忘れてはならない。

イエスの霊が与える喜びは、常に苦しみとともにあることを思い出さなければならない。所有欲や個人個人の自我に潜む競争心、これらが喜ぶ力を抑圧している状況にあって、活力と喜びを周囲にもたらす人に出会うことこそ、私たちが受ける最良の贈り物だ。喜びというものが、自分の外側にあるとか、商品のように手に入るものだとか、失ったり、稼いだり、所有したりできるものだと考えるのは間違っている。なぜなら、喜びは、今ここにあって、あそこにあるのでも、後から見つかるものでもないのだから。自己中心を捨てる道が、その贈り物に出会う道なのだ。

ソフィアの物語

聖霊のことを話すとき、ソフィアは帆を広げた小舟が聖霊の風に任せて動いていくイメージが好きでした。

「もしも私がもう一度生まれてくるなら、聖霊にだけ従って生き、聖霊にだけ突き動かされて行動したい」とソフィアが言ったのは、彼女がまだ三十二歳のときでした。

彼女をよく知っている人々は、彼女の一生はまさにそのようであったと証言しています。その人々は、聖霊の力なくしては、あれほど虚弱で、しかも自分の殻に閉じこもりがちで、一人隠れたところで生きることに強くひかれていたソフィアが、新しい修道院をつくり、最初の直観にしっかり従い、多くの修道院を管理し、多くの旅をし、多くの困難に直面し、多くの危機を乗り越え、多くの苦しみを受け入れるのは不可能であったと知っていました。

そしてそれらすべての中で、ソフィアは人々に対し誠実であり続け、彼女たちを信頼し続け、不誠実な人々をゆるし、落ち込んだままでいることなく、いつも我慢と謙虚な忍耐をもって対応して、そしてユーモアのセンスを失いませんでした。

現代社会を見つめて

ブラジルの聖心会の学校のある卒業生の話です。

「私はブエノスアイレスで生まれ、アルマグロの聖心学院に行きました。学校を卒業して大学生活を始めるときに、二つの大きな現実に直面しました。一方では、私の仲間たちの多くが空虚な表情をしていること、他方では危険な生活をし、機会に恵まれない人々がますます増える私の国で、排除される人、貧しい人がさらに増加し続けていることでした。

私のもとに、聖心会のボランティア活動〈生きるために手に手を取って〉の計画が届いたとき、これならできると思いました。そこには次のようなことが書かれていました。

『もしあなたがあなたの夢に賭けたいなら、連帯は変革をもたらすと信じるなら、ほかの人々に奉仕することであなたの人生に意味を与えることができると考えるなら、何か共通点をもつ人は大勢います。もっと正しい連帯した兄弟的な社会を建設するために、力を合わせましょう』

この活動をとおして、私は内陸部だけでなく、ブエノスアイレスやウルグアイの貧しい人々のさまざまな教育プロジェクトにも参加する機会を提供されました。一日から一週間のもの、六カ月から半年のものもありました。〈生きるために手に手を取って〉の活動が私を引きつけたのは、この会がボランティアの仕事に伴う霊性と神秘を生きる可能性を私に与えてくれたからです。

私はこの活動に初めはおずおずと、やがてもっと情熱をもって参加しました。そして今は、新しく参加したボランティアたちに同伴するグループのメンバーになっています。農村地帯の子どもたちと〝遊びながら学ぶ〟、身体障がい児との〝私の新しい夢〟、原住民のアートを促進する〝アートと希望〟などいろいろなプロジェクトに参加してきました。それらすべてで私は奉仕を通じて私の愛を表しているのを感じ、多くの危険がある現実の中で、いのちを養い育てているのを感じました」

スペインの聖心会の南北連帯プロジェクトは南でのボランティアの体験をとおして若者たちの中に正義に対する敏感さと献身を促進しています。

チリのパリナコタの聖心会員は、若い大学生のグループと一緒に働いています。彼らは上流社会層の若者たちで、社会問題に強い関心をもち、貧しい人々のために働きたいと望んでいます。補習のクラスや信仰教育のクラスを開き、分裂している二つの地域の歩み寄りの手段となっています。

このような試みは、コロンビア、イタリア、ポーランド、オーストリアでも行われています。

もし天国のソフィアが手紙を書いたら……
今、あなたに語りかけるソフィアの言葉

私たちは若いころ、何日かの祈りの日を一緒に過ごし、喜びが広がり、私たちを満たしていくことを感じました。長い間私たちのモットーであった〝ただ神さまのみ〟はそのときに見つけたものでした。私たちは出会うたびにそれを繰り返し、空いているところにはどこにでも、それを書いていました。

何年もたって、私はあなたにその喜びに導く道のことを話す責任のようなものを感じています。なんと美しい責任でしょう。

初めにあなたに言いたいのは、喜びが外から来るのではなく、何かに、または誰かに依存するものではないということです。幸せになることは、植物の種をまいて、それからそれを育てることを習うように、学習することなのです。そしてすべての技術と同じように、集中力と規律と努力と忍耐を必要とします。

このようないつも真面目なことに使われる言葉が〝幸せ〟という言葉のそばに現れることは想像していなかったでしょう? 幸せな人は、人生がうまくいく人ではなく、自分の中に人生の明るい部分を取り出すプログラムを準備した人です。それに対し他の人々は、自分の暗い部分しか見ないことに固執する人たちのようです。

あなたは、幸せになるために生まれました。完全になるためでも、有能になるためでも、他の人々のあなたに対する期待に応えるためでもありません。

あなたはあなたのすべての間違いを思い、あなたの欠陥や失敗の一覧表を持ち出して自分を罰することに時間を費やしているのかもしれません。おそらくそれは、すべてがうまくいかなければならない、しかも今すぐに、とあなたに思わせる完全主義です。

ときには、あなたの心の中には刻み込んだ言葉があって、それがあなたの喜びを砂で固めてしまうのです。

「私は一人では満足できない」——そしてあなたに孤独に対する大きな恐れをつくります。

「こんな私は変わることができない」——それがあなたを動けなくし、閉じ込めます。

「私はすべてのことを上手にしなければならない」——あなたは自分に対して、どんな間違いもゆるせません。

「幸せは完璧でなければならない」——最も小さなことが幸せを損なってしまいます。

何年も生きてきて、私の知った最も朗らかな人たちは、自分が幸せかそうでないかにまったく無頓着な人たちでした。なぜなら彼らにとってもっと大切なのは、他の人の幸せだったからです。

祈るためのヒント

私たちはいつもその働きとその実りによって、聖霊を知り、その実りを火、風、影、鳩、力、光などのシンボルを使って呼んでいます。イエスは聖霊を弁護者と呼びました。今日、活気づける者、先導者という言葉でも理解することができます。それは、いつも私たちに好意的で、福音にかけて生きる私たちを励ましてくれます。

祈りの時間のひととき、あなたの中におられる霊の現存を意識してみましょう。霊はあなたが穏やかに深く呼吸するのを助けることができます。それはあたかも子どもたちを彼らが慣れ親しんでいる言葉で神に導くのを助ける霊ご自身の息を、あなたが呼吸するようにです。

「聖なる霊よ、あなたを迎えるために、私たちは目には見えないけれども、あなたがどのようにすべてを見とおしておられるかを理解するために心を開きます。あなたは私たちが呼吸している空気、見ている地平線です。私たちの中にあなたがすでに始められたことを、完成させてください。私たちが犯す悪から遠ざけてください。私たちが忠実に忍耐強くありますように。私たちの心に生きとし生けるすべてのものに対する友情を燃え立たせてください。すべての人間的で善いものに対する喜びを与えてください」

願望、欲望、決意

ある年、一人の少年が手紙を書き、クリスマスプレゼントに「自由」をくださいと頼んだら、プレゼントの袋に、次のような取り扱い説明書が入っていた。

・私たちはあなたに種の形でそれを差しあげます。育てるのはあなたの仕事です。
・これはとてもデリケートなので、もてあそんではいけません。
・他の人の迷惑になるような使い方を考えてはいけません。
・怖がってはいけません。数日で飽きてしまってもいけません。
・誰にも盗られてはいけません。
・間違えて自由でないものを同じ箱に入れないようにしてください。
・長持ちするように、上手に使ってください。
・あなたを助けてその世話をしてくれる人を誰か探してください。

ソフィアの物語

ソフィアは自分に対する賞賛や敬意の表現や誉め言葉には耐えられませんでした。彼女にはそういう言葉は場違いに感じられたようで、いつもできるだけ逃げようとしていました。イエズス会の総長ジャン・ルータンがソフィアの五十年に及ぶ統治を祝って、それほど長くその役目をする人は珍しいということに触れたとき、彼女は、「それは私にとって何の褒め言葉にもなりません、むしろ誰も私ほどには体に気を遣わなかったということです」と、ユーモア交じりに言いました。

「私はこんなふうに生きたい」と言っていたソフィアは、そのように生きました。

彼女はあるとき、次のように書きました、「イエスよ、あなたは私の光、私の愛、私のいのちです。私があなただけを知り、あなただけを愛し、あなたのためにだけ生きるようにしてください」

イエスは彼女の視線と心を引きつける太陽でした。そして同時に、他の人々の中におられるイエスに出会うこともよく知っていましたので、人々を深く愛し、彼らをよく知ろうとし、一人ひとりに強い関心を示しました。

ソフィアは決して自分の写真を撮らせませんでした。なぜなら彼女は、「あなたがたが写さなければならなのは、私の顔ではなく、あなたがた一人ひとりに対する私の愛情です」と言っていたからです。

現代社会を見つめて

上エジプトの無料診療所で働いている聖心会のシスターたち、フランス人のエドヴィージュ・ド・カドール、スペイン人のレイエス・カリスとブランカ・レパラス、オランダ人のセシリア・フォン・ゾンの体験談です。

「街路の灯りと私たちが入っていった部屋の暗さの差があまりに大きくて、治療しようとしていたムスリムの女の子ファディアが床に横たわっていたのが私たちに見えるまで、数分かかりました。

望まない結婚から逃れるために、彼女は石油をかぶって火をつけ、自殺しようとしました。体中にひどい火傷を負っていたのに、病院は彼女を見放して家に帰しました。そして家族が私たちに訴えてきたので、私たちはあらゆることをやってみようと決めました。私たちのクリニックに連れて行き、彼女に治療を施す長い仕事を始めました。

私たちは火傷をした人たちを何年も治療してきました。上エジプトでは多くの人が一間きりの家に住み、小さな石油コンロが床に置いてあるだけの生活で、一年間に約四千人もの人が火傷を負っていたのです。

私たちはアロエから作られた驚くほど効き目のある塗り薬を見つけました。そしてまた、それを塗るときにこめる愛情も。三カ月後にファディアは治って家に帰りました。

火傷患者の世話をするこの仕事は、視力を失う危険のあるたくさんの人の目の治療と同様に、政府がそれをする手段をもたないこの国では重要な務めです。私たちは教育的奉仕として、予防や衛生指導も行っています」

また、コンゴでも衛生教育に従事し、健康委員会にかかわっているシスターがいます。教会のリーダーたち、婦人たち、若者たち、教師たち、代表者たちの委員会です。ワクチン投与、簡易トイレの建設、飲料水の給水栓の手入れなどの大切さに関心をもちながら、人々が自分たち自身でしている開発に参加しようとしています。教育は衛生にかかわる仕事の大切な部分です。

もし天国のソフィアが手紙を書いたら……
今、あなたに語りかけるソフィアの言葉

私の時代は、自由という言葉に一種の恐れを感じていました。それは革命のとき、自由の名のもとに多くのひどいことが行われたからです。しかし、それは昔のことで、今、自由についてあなたとお話しすることは、大変大切だと思います。

自由について考えるために、まずいくつかの質問をします。

あなたは自分が望むことと、しなければならないことの間で、頭の中が混乱することはありませんか。

そしてあなたに断りもなく外から決まりが押し付けられるときに、強い抵抗を感じたりしませんか。

しかし、私はあなたがわがままで利己主義な人たちを見たときに、そのような振る舞いは内面から出てくるものだから、と言われたとしても、そういう人たちのようになりたいとは思わないと確信しています。

〝自由であること〟と〝したいことをすること〟の違いをはっきりさせましょう。

過ぎたことに関して、例えば、いつ、どんな親から、どの国に生まれ、どんな性質で、どんな健康状態かについては、あなたは自由ではありません。しかし、起こったことに対してどのように応えるか、従うか、反抗するか、委縮するか、勇敢に振る舞うか、恨みがましくするか、親切にするかに関しては、自由です。

このように行動するのが簡単ではないことはもうわかっていますが、誰が自分のいるところから動かないで、遠いところに到達することができますか。

「あなたは若いから何の限界もない」というメッセージは嘘です。確かにあなたには限界があります、世界中の皆と同じに。

祈るためのヒント

多くのキリスト者が、特に東方教会では、〝心の祈り〟を実行しています。それはとても単純な形の祈りで、それをとおして心の注意がすべての活動を超えて主に集中し、そこに止まるのです。主の御名を短い懇願とともに繰り返す祈りです。

イエスよ、私を憐れんでください。

イエスよ、愛することを助けてください。

イエスよ、来てください。

イエスよ、ありがとうございます。

これらの短い言葉をどれか選んで、何分間か心の中で呼吸のリズムに合わせて静かに繰り返してみましょう。一日の間に、道を歩きながら、乗り物の中で、店先や窓口で並んでいるときに。

イエスがあなたといつも一緒にいて、夜も昼もあなたのいのちのリズムの中で少しずつあなたを変えてくださるのにお任せしてみましょう。

開かれた心で生きる

「コロンビアの海辺の村ネグアの一人の男は、天の高みまで登ることができた。戻ってきた彼は、あの高いところから、人間の生活を眺めていたと話した。そして我々は小さな火が集まった海のようだったと言った。『世界は人々の山、火の海だ』、と明かした。大勢の中で、各人が自分の光で輝いている。同じ火は二つとない。大きな火、小さな火、あらゆる色の火がある。風を知らない穏やかな火のような人々、火の粉でいっぱいの狂った火柱のような人々もいる。いくつかはぼんやりとした火で、照らしもせず燃やしもしない。またほかの火は、瞬きせずには見ることができないほどに、いのちを燃え立たせたい望みをもち、近づいて来る者を燃え上がらせる」（E・ガレアノ）

ソフィアは、近づいた人を燃え上がらせる火のような人たちの一人だった。彼女の足跡をたどってきた最後に、彼女が私たちに委ねた言葉を聞こう。
「あなたがたは、世界中に火を燃え立たさなければなりません」
それは、後に聖ヨハネ・パウロ二世が世界の若者に繰り返し言われたことと同じだった。

ソフィアの物語

ソフィアは生涯を通じて、〝イエスの聖心《みこころ》の信心〟の深い意味を見いだし続けていました。それは、主を愛し、主に愛されていることを知ることであり、どんな類の判断も、非難も、脅威もないものでした。その経験は、彼女を喜びで満たし、開かれた心で生きるという冒険に駆り立てました。

もはや彼女は、心の底からイエスに、そしてすべてを受け入れるために開かれた〝聖心《みこころ》〟に似た者になることのほかは何も望みませんでした。ほかの人々に自分のもっている最もよいものを与えるソフィアの能力、すなわち理解と愛情は彼女の内に成長していきました。

このような生き方は短期間でつくられたものではありませんでした。彼女の人生の終わりに彼女に近づいた人々は、彼女の眼差しから、「私はあなたの味方です」という秘密のメッセージを受け取りました。

ソフィアが愛し信頼することのできる経験をしたのは、人は神の愛から生まれたということを知っていたからです。彼女は自分の人生は恵みであったので、ほかの人々を自由にすることができたと語りました。なぜなら彼女自身が私たちよりずっと大きな心のもち主によって、自由にしていただいたからです。

今、彼女の人生を彼女と一緒にたどってみて、私たちは彼女が小さいころから言っていた「火事が私をこの世に生まれさせました」という言葉を、よりよく理解することができます。なぜなら私たちは、火事で彼女の人生を変えた神の火が、私たちをも燃え立たせることができることを知っているからです。

現代社会を見つめて

三人の韓国の女性が〝心の霊性〟とは何かということをよりよく理解させてくれます。

最初の人物は、韓国北東部の古い鉱山の村コウハンのミョンスックです。

鉱山が閉鎖されることになり、仕事が打ち切られ将来を閉ざされた若者に貧困と絶望の状態が始まりました。聖心会の共同体は若者たちが自分の人としての価値に気づくのを助け、また自分と和解するのを助けるためにフックビット（韓国語で暗闇に光となるという意味）という学習施設をつくりました。ミョンスックには母親を殴ったりするアルコール依存症の父親がいました。ミョンスックは自己否定が強く、学習施設では攻撃的で敵対的な態度をとっていました。先生たちはどのようなことにも態度を変えず、忍耐強い愛情をもって彼女と接し続けました。学期の終わりごろ、ミョンスックは変わり始め、彼女の目つきに穏やかさが見え始めました。

二人目は、聖心会会員の一人、シスター ソン・インスックです。ソウルの大変貧しい地区のコミュニティーに住んでいました。

一九八八年のソウルオリンピックの前に、政府は住民にまったく補償金を支払わずに彼らの家を取り壊すことに決めたので、住民は街路に放り出され、絶望的な状況に置かれました。シスター ソンはキリスト者もそうでない人も問わず祈りに招きました。祈りをどうするのか知らなかった人々も、神に叫ぶことは知っていたことを発見しました。

「我々も人間らしく生きたい」、「我々も権利のために闘おう」

ブルドーザーが来たとき、彼らは通りで待っていました。警察が突入し、死傷者が出ました。シスターは大学で教えていたので、学生たちに「人々から学びなさい、書物からばかりでなく」ということを伝えようとしました。

大勢の学生が来て、その地区を知るようになり、人々と話し合い、集まって一日の断食をしました。もう一度デモを呼びかけました。今度は逮捕されるだろうとわかっていました。ソン・インスックは恐怖を覚え、家にいたいという誘惑があったことを認めました。しかしどうしてこの人々を見捨てられるでしょう。彼らとともに出かけ、逮捕され拘留されました。

彼女はそのことについて話したいとは思いませんでした。しかし、それをほかの住民たちにも伝え、カトリック教会が社会部門を組織することになります。最も素晴らしいことは、大学生の若者たちが貧しい人々と交わるようになり、友情と共闘の歴史が始まったということです。

三人目の女性についてイギリスの聖心会の、シスター メアリー・ハインドが話します。

「高齢の女性で、彼女とは言葉でコミュニケーションを取ることはできませんが、心を通じさせることはできます。

彼女は貧しい小屋の戸を開けて私を迎え、お米のお茶を入れて、微笑みながら私に差し出しました。彼女は、見捨てられた二人の兄弟を家においています。彼らは川で死のうとしているところを見つけられました。彼らはその後、コウハンの学習施設に通いました。

福音書の中の寡婦のように、彼女も自分が生活するためにもっているわずかな物を分かち合いながら生きています」

彼女たちをとおして、私たちに見えるのは、心をいっぱいに開いて生きる姿です。

もし天国のソフィアが手紙を書いたら……
今、あなたに語りかけるソフィアの言葉

最後に、後に聖心会となった私の最初の計画についてお話ししたいと思います。

いつも私はご聖体の中におられるイエスの前で、私の内的眼差しを主にのみ向けて、主の眼差しのもとで主の愛に包まれていることを思いながら、そこに留まることにひかれていました。それで私はこの同じ望みを分かち合う女性のグループをつくり、昼も夜も礼拝する可能性に夢を馳せました。そうすれば、私たちが少人数であっても、主が世界に火を燃え立たせ、神のいのちをすべての人に届けるために、私たちを使ってくださることができるでしょう。

初めは二十四人のグループを想定していましたが、心の底ではそれではとても少ないと思っていました。ある日、私が祈りの中で全世界を、特に若者について思いめぐらしていたとき「この神の愛の福音を世界に告げたいという望みを、彼らに伝播させることができないだろうか」という声が心の中で聞こえました。もし彼女たちと一緒に、人間関係が破壊された社会を修復し、たくさんの傷ついたいのちを癒し、打ちのめされた多くの人たちが立ち上が

るのを助ける仕事を始めたら、それでなんと多くの変化をもたらすことができるでしょうか。そして私は不可能に思われるようなことを夢見ることができたのです、地の果てに至るまでのあらゆる国からの、あらゆる文化からの何百、何千もの礼拝者たちが集まって、もっと兄弟的な世界をつくるために、世界の中心にある神の心の鼓動を聞きもらすまいと懸命に注意を集中している姿を。

私は決して完璧な、有能な、行儀のよい女性を教育することを目指しませんでした。なぜなら、私が真に望むのは、イエスとの交わりとその望みの中で、親切で思いやりがあり、他に対する優しさと共感に満ちた人を育てることだからです。あなたはそういう人たちの一人になりませんか。

祈るためのヒント

イエスのみ前で、主の眼差しと聖心《みこころ》の愛があなたを包み込むのを感じてください。森の中でキャンプをしていると想像してください。ハイキングからの帰りに喉が渇いているとき、泉がどこにあるかを知っているあなたは、水筒をもってそちらに歩いていきます。近づくと、水の音が聞こえ、あなたは屈んで喉の渇きが収まるまでその水を飲みます。きれいな冷たい水が、あなたのいのちを満たしてくれるように感じ、感謝の中に留まります。そこであなたはイエスの次の言葉を思い出します。

「わたしは世に命を与えるために来た。しかも、豊かに与えるために」、そしてサマリアの女の望みがあなたの望みになります。「主よ、もう決して渇くことがないようにわたしにその水をください」

それからあなたはキャンプ仲間の友達も喉が渇いていることを思い出し、彼らのために水筒に水を満たします。

今、喉が渇いた人々の顔を思い出しましょう。食物も愛情も与えられない子どもたち、戦火の中で生きる人々、難民の人々、病人たち、貧しい人々……。イエスの泉はあなたに、その一人ひとりに対する憐れみの眼差しを与え、イエスの心のように大きく開いた心をもって、他の人々を助けるために生きたいという望みを与えられました。

あなたは満杯の水筒を持って、そして神のエネルギーで満たされてキャンプに戻るでしょう。キリストの聖心から直接来るいのちの力があなたの中に解放され、あなたは地球をすべての人々にもっと住みよいものにしようと働く者になる、新しい能力を自らの中に見いだすのです。

大好きなソフィア

あなたが大好きです、ソフィア。
あなたは弱くて強い方、
優しくて、しっかりした方、
厳しくて、思いやりのある方だから。

あなたが大好きです、ソフィア。
活動家のあなたが好きです。
活動のインスピレーションはキリストの心から生まれます。

あなたが大好きです、ソフィア。

対照的なものを併せもっている方、
貧しい人々の友であり、世間の偉い人たちとも単純に付き合える方、
沈黙と祈りの友であり、
コミュニティーをつくり支えるためにヨーロッパを巡る方、
深く愛することも、そして別れること、離れることも知っている方だから。

あなたが大好きです、ソフィア。
家族、若者、子どもたちのために働くときの、あなたの情熱、
あなたの創造性、活力、自分を刷新する能力に心を奪われます。
その力が、八十三歳のあなたに言わせたのです。
「時代は変わります、そして私たちも適応しなければ」と。

ソフィア、ありがとうございます。
あなたは弱さの中に留まらず、あなたの中に神の強さが働くのを受け入れました。
あなたの後に続くとき、いのちの泉が湧き出るイエスの傷ついた聖心《みこころ》を
私たちに示してください。

感ずべき御母

（マーテル・アドミラビリス）

「感ずべき御母」（マーテル・アドミラビリス）と名づけられた聖母マリアの絵の原画は、ポーリーヌ・ペルドゥローによって1840年代に描かれたローマのスペイン広場にあるトリニタ・ディ・モンティの修道院の壁画です。

当時ポーリーヌは、聖心会への入会を志していた若い女性でした。後に聖心会員となってからソフィアとともに生活し、創立者の日常のエピソードを回想録『大修道院の余暇』に書き綴っています。

「感ずべき御母」は、学院の創立者、聖マグダレナ＝ソフィア・バラが目指した女性の理想像を表すものとして親しまれてきました。

「希望」のある未来を示すあけぼのを背景に、ふと手仕事の手をとめて、心を神にささげる若き聖母マリアの姿です。足元のバスケットの上に伏せられた読みかけの本によって示される「学問」への関心、右の傍らに立つ糸紬のための繊維をつけた棒とマリアが手にされる糸紬用スピンドルに表される労働の貴さ。ここに祈り、考え、働くという基本的な人間の生きる姿勢が描かれています。

またマリアの左側に飾られた白い百合の花は「清純」の徳を表します。神を信頼して生きた聖母マリアのように、いのちを育み、大切にし、神と人への愛にこたえていく女性の品位と使命を象徴しています。

1801年、フランスのアミアン市に最初の聖心女子学院が創立されて以来、いまや世界各国に広がっている聖心女子学院のどの姉妹校を訪れても、必ずこの聖画を見ることができ、創立者の教育理念の精神を伝えています。

訳者あとがき

　十年近く前に、趣味のスペイン語を忘れないように、なにか楽しく読める本はないかと探していたときに、偶然この本に出合いました。ちょうどそのころ私は、八十代、九十代のシスターたちが多い共同体に住んでいました。その中の、もうあまり自分で本を読む気力や視力のないシスターたちが、一緒にこの本を読めば、昔聞いたことのあるエピソードなどもあり楽しみながら感想を分かち合ったり、ともにお祈りしたりできるのではないかと考えました。

　その後、邦訳が一通り終わったとき、Ａ４の紙にプリントアウトしたままではなく、印刷して一冊にまとめ、聖心会のシスター以外の方々にも読んでいただけないかと考えました。その理由は主に次のようなものです。

一つはドローレスがスペインのカトリックの世界では大変よく知られ、その著書も雑誌の記事も好評であるのに、日本人にはほとんど知られていないのは残念だと思ったこと、そしてもう一つの、私にとって一番大きな動機になったのは、生前大変筆まめで、その書いた手紙が現存するものだけでも一万四千通余りあるソフィアからもし今私たちに手紙が届いたら、現代社会に生きるためのどんなヒントが書いてあるだろうかというこの本のアプローチに興味をもったからです。聖マグダレナ＝ソフィアは、単なる過去の人ではなく、今もその精神、その霊性を受け継いだ人々が次の世代にそれを伝えようとしています。

思いがけず出版というアイディアをいただき、その実現のために、次の方々には特別お世話になりました。訳のチェックをしてくださったイエズス孝女会のシスター　ピラール・マルティネス、文章の推敲を一緒にしてくださった本多遊子さん、表紙画と文中イラストで私がお伝えしたイメージをみごとに表現してくださったイラストレーターの時田愛さん、本当にありがとうございました。そして出版のために煩雑な編集作業を丁寧に念入りにしてくださったドン・ボスコ社編集部の金澤康子さんに心から深く感謝申し上げます。

二〇一九年五月二十五日
マグダレナ＝ソフィア・バラの記念日に

田中玲子

聖マグダレナ＝ソフィア・バラ略年表

一七七九年　十二月十二日　マグダレナ＝ソフィア・バラ誕生。

一七九五年　十一歳上の兄のルイ、司祭叙階。ソフィア、ルイ神父の友人ヴァラン神父と出会う。

ブルゴーニュ地方ヨンヌ県ジョワニーの町に残るソフィアの生家

一八〇〇年　十一月二十一日　ソフィア二十歳のとき、三人の同志とともにイエスの聖心に奉献された修道生活を始める。「聖心会」の誕生。

一八〇一年　十月十七日　アミアンの地で最初の聖心学院が始まる。

一八〇二年　一月　授業料のいらない学校を寄宿学校に併設。

十二月　ソフィア二十三歳。ヴァラン神父により修道院の院長に任命。

一八〇六年　第一回聖心会総会においてソフィアが総長に選出される。以後八十五歳で亡くなるまで六十年間、総長の重責を担う。

一八六五年　五月二十五日　パリで帰天。

一九〇八年　列福。

一九二五年　五月二十四日　ピオ十一世により列聖。

バチカン、サン・ピエトロ大聖堂にある聖マグダレナ＝ソフィア・バラの像

パリのフランシスコ・ザビエル教会に安置されている聖マグダレナ＝ソフィア・バラの遺体

❖著者略歴

ドローレス・アレイクサンドレ（Dolores Aleixandre）

1938年生まれ。1959年聖心会入会。マドリッドのコミーリャス大学で聖書学教授を経て、現在は黙想指導、講演会、執筆活動などを行う。数多くの書籍も執筆している。マドリッド在住。

❖訳者略歴

田中玲子（たなか・れいこ）

1941年生まれ。1963年聖心会入会。不二、小林、東京聖心女子学院で英語教諭、聖心女子学院初・中・高等科校長を経て聖心女子大学で英語学、英語教育学を担当。2009年退官、名誉教授。現在、翻訳、通訳、祈りの同伴、宗教講座などを行っている。東京在住。

❖カバー画・文中イラスト

時田 愛（ときだ・あい）

ソフィアと旅《たび》する

聖《せい》マグダレナ=ソフィア・バラのメッセージ

2019年5月25日　初版発行
2021年8月20日　初版2刷発行

著　者　ドローレス・アレイクサンドレ

訳　者　田中玲子

発行者　関谷義樹

発行所　ドン・ボスコ社
〒160-0004　東京都新宿区四谷1-9-7
TEL03-3351-7041　FAX03-3351-5430

装　幀　幅雅臣

印刷所　株式会社平文社

ISBN978-4-88626-648-4
（乱丁・落丁はお取替えいたします）